KB004526

왜 엄하게 가르치지 않는가

왜 엄하게 가르치지 않는가

초판 1쇄 펴냄 2014년 5월 28일
　　　12쇄 펴냄 2023년 9월 27일

지은이 베른하르트 부엡
옮긴이 유영미

펴낸이 고영은 박미숙
펴낸곳 뜨인돌출판(주) | 출판등록 1994.10.11.(제406-251002011000185호)
주소 10881 경기도 파주시 회동길 337-9
홈페이지 www.ddstone.com | 블로그 blog.naver.com/ddstone1994
페이스북 www.facebook.com/ddstone1994 | 인스타그램 @ddstone_books
대표전화 02-337-5252 | 팩스 031-947-5868

ISBN 978-89-5807-522-6 03370

지나친 관용으로 균형 잃은 교육을
지금 다시 설계하라

왜
엄하게°
가르치지
않는가

LOB DER DISZIPLIN

베른하르트 부엡 지음 | 유영미 옮김

뜨인돌

이 책은 내가 지난 33년간 아버지로, 교육자로 살아온 삶의 결실입니다. 왜곡된 교육환경 속에서 고민하며 얻은 생각들을 나누고 싶은 마음에 이것저것 쓰다 보니 한 권의 책이 되었습니다.

여러분도 잘 알고 있듯 교육의 기초는 오래전에 무너졌고, 권위와 훈육은 온데간데없이 사라졌습니다. 교육자들은 물질주의로 얼룩진 열악한 교육환경 속에서 무기력해져 있고, 많은 사람들은 갈 바를 알지 못하고 목적 없이 헤매고 있습니다.

왜일까요? 여러 견해가 있겠지만, 나는 교육의 원칙이 개인적이고 방만한 양육 스타일에 밀려났기 때문이라고 생각합니다. 우리 교육의 현실을 조금이라도 냉정하게 들여다보면 권위와 원칙의 필요성은 희미해지고, 실천에 대한 담론은 거의 이뤄지지 않고 있습니다.

독일의 교육문화는 나치 때문에 뿌리째 흔들렸습니다. 교육의 핵심을 이루는 가치와 덕목들은 왜곡되었고 지금까지 독일은 그 상태에서 헤어나지 못하고 있습니다. 20세기 교육 분야는 양극단이 판을 쳤던 시대입니다. 독단적인 훈육과 반권위적이고 자유방임적인 교육이 극명한 대조를 이루었지요. 두 경우 모두 한쪽으로 치우쳤고, 치우침은 교육의 적입니다.

이 글로 교육의 정도(正道), 교육의 균형을 되찾고 싶습니다. 권위와 규율의 자리를 되찾아 이 땅의 아이들에게 새로운 미래를 열어 주고 싶습니다.

적절한 균형을 잡는 방법을 생각하며 뱃사공의 이미지가 떠올랐습니다. 작은 배가 왼쪽으로 기울면 몸을 오른쪽으로 기울이면서 배의 균형을 잡는 모습. 이 책을 읽는 독자들이 늘 이런 그림을 눈앞에 그렸으면 좋겠습니다.

많은 부모와 교사들이 교육의 해법을 찾아다니지만, 아이를 키우고 가르칠 때 딱 들어맞는 비법이라는 것은 없습니다. 다만 '조화'와 '균형'이라는 두 단어를 기억하고 잘 활용한다면 교육의 열쇠를 발견할 수 있을 거라고 생각합니다.

교육을 할 때는 타인이 적극적으로 개입해 아이의 훈련을 돕는 일과 아이가 주도적으로 훈련할 수 있는 시스템을 만들어 주는 일, 외적으로 질서를 잡아 주는 일과 아이 스스로 내적 질서를 잡게 하는 일이 적절하게 어우러져야 합니다. 아이들을 책임감 있고 능력 있는 사람으로 키우기 위해 부모와 교사는 어릴 적부터 아이들에게 어느 정도로 개입할 것인지를 결정해야 합니다.

조화와 균형을 생각할 때 여유와 자유로움을 떠올리기 쉽지만, 사실 교육에 있어서 균형을 맞추는 일은 훈련과 사랑이 동시에 필요한 힘겨운 싸움입니다. 원하는 것을 얻고 성장하기 위해서는 반드시 훈련이 필요합니다. 그 진리를 깨달으면 아이들은 자연스럽게 스스로 훈련을 하게 됩니다.

어떤 부모들은 어릴 적부터 확고한 질서의 테두리를 잡아 주고 그것을 따르게 하면 스스로 훈련하는 능력을 키울 수 있다고 믿습니다. 반면 어떤 부모들은 질서를 지키도록 강요하지 않고 아이들이 결정하게 할 때 아이들 스스로 훈련하는 법을 배울 거라고 믿습니다. 부모들의 선택에 대해 가치 판단을 내리기 전에 주목해야 할 것은 부모는 아이에게 어느 정도의 강제와 어느 정도의 자유를 부여할 것인지를 결정해야 한다는 것입니다. 어떻게 하는 것이 좋다고 단언할 수는 없습니다. 아이마다 소질과 성향이 다르기 때문이지요. 아이를 키우는 것은 훈련과 자유 사이에서 외줄타기를 하는 것입니다. 전적으로 이게 옳다, 저게 옳다 할 수 없습니다.

독일은 오랫동안 교육적인 부분에서 양극단을 오갔습니다.

나치와 공산주의 정권에서는 훈련을 지나치게 강조하다가 잘못된 방향으로 나갔고, 독재가 끝난 후에는 아예 훈련을 기피하는 분위기가 생겨났지요. 독재의 반작용 때문에 많은 사람들이 반권위주의 교육으로 치우쳤습니다. 치우침은 교육적으로 매우 위험한 선택인데도 말이지요.

한국은 전통적으로 훈련을 중시해 왔습니다. 지금도 많은 분들이 자유방임적인 교육의 유혹에 굴복하지 않고 있다고 들었습니다. 그러나 경제적으로 점점 풍요로워지면서 상황은 많이 달라졌을 것입니다. 개인이, 국가가 풍요로워지는 만큼 자기를, 누군가를 훈련하고자 하는 마음이 해이해지게 마련이기 때문입니다.

나는 이 책을 통해 우리가 아이들을 교육할 때 외적 질서와 내적 질서, 강제와 자유 사이에서 어떻게 균형을 잡을 수 있을지에 대해 이야기해 보려고 합니다. 책의 서문에서도 말했지만, 뱃사공 이미지를 기억하십시오. 배가 왼쪽으로 기울면 몸을 오른쪽으로 기울여 균형을 잡는 모습 말입니다. 이 이미지를 기억하며 책을 읽어 주시기 바랍니다.

칸트는 '규칙에 복종하는 것'과 '자유를 누릴 능력'을 조화롭게 가르치는 것을 교육의 가장 큰 과제로 보았습니다. 수업 코칭전문가로 많은 교사들의 수업을 참관해 볼 때, 이 말은 허언이 아니었습니다.

수많은 교사들이 아이들을 존중하며 인격적으로 대하려고 노력하지만 아이들은 교사의 이런 호의를 악용해, 학교 현장은 교육의 선한 효과를 기대할 수 없는 수준에 이르렀습니다. 아이들은 사춘기 특유의 에너지를 마구 발산하면서, 수업 시간에 귀를 닫고 교묘한 장난으로 교사를 괴롭히고 친구들을 놀려 댑니다. 사춘기 애들이 원래 그렇다며 넘어가기에는 매우 위험한 수준에 와 있습니다.

이것은 아이들의 잘못이 아니라 진리 안에서 살아가는 방식을 가르치지 못한 우리 기성세대의 잘못입니다. 그래서 이 책의 저자 베른하르트 부엡은 단호하게 말합니다. 아이들을

"엄격하게 가르치라!"고 말입니다. 이때의 엄격함은 무서운 표정을 짓고, 소리를 지르고, 강압적으로 접근하는 것이 아닙니다. 부엡은 엄격함을 이치에 대한 순종, 질서에 대한 존중으로 해석합니다.

다시 말하면, 이 세상에 있는 선한 가치를 지키기 위해서는 엄격하고 일관성 있는 태도로 아이들을 가르치고 아이들에게 진리 앞에서 겸손할 것을 요구해야 한다는 것입니다. 그런 과정을 거칠 때, 아이들이 삶의 질서를 세우고, 책임감 있게 행동하고, 타인을 배려할 수 있는 어른이 된다고 말합니다.

부엡은 이론이 아닌 실제 삶으로 이것을 증명해 보이고 있어 아이들을 제대로 가르치고 양육하려는 부모와 교사들에게 많은 영감을 줍니다. 아이들의 무절제와 무질서는 가만히 놔두면 결국 아이들을 해칩니다. 많은 부모와 교사들이 반드시 이 책을 읽어서 질서 안에서 자유로운 교육, 엄격함 속에서 사랑하는 교육을 실천해 주시기를 진심으로 소망합니다.

김태현
안양 백영고등학교 교사
좋은교사 수업코칭연구소 부소장
『교사, 삶에서 나를 만나다』 저자

차
례

1부 왜 다시 엄한 교육인가?

2부 감정만 읽어 주는 것으로는 충분하지 않다

3부 엄하게 가르치는 기술

1부

○

왜 다시 엄한 교육인가?

교육의 본질은 '이끌어 주는 것'입니다.
이것은 훈련을 통해 가능합니다.
그리고 훈련의 마지막 열매는 자기훈련입니다.
그런데 이 훈련은 교사의 강압이 아닌
아이에 대한 '사랑'을 바탕에 두어야만
제대로 열매를 맺을 수 있습니다.

엄하게 가르칠 수 있는
용기가 필요하다

지금의 교육은 위기를 맞았습니다.
교육의 위기는 다른 게 아니라 인성 교육의 위기입니다. 요즘
아이들은 길러지는 게 아니라 방치되어 있지요. 예기치 않은
공격적인 교육자들텔레비전, 스마트폰, 물질만능주의, 외모
지상주의에 둘러싸여서 말입니다. 아이들의 의욕에 날개를
달아 줄 미래에 대한 기대감은 미래에 대한 불안감 덕분에 저
만치 밀려났습니다. 경쟁을 부추기는 사회, 자기중심주의, 돈
이면 다 된다는 의식…. 아이들을 불안하게 하는 요소는 끝
이 없습니다. 미래가 불안한 아이들은 미래를 준비하려고 애
쓰지 않습니다. 즉, 스스로를 단련하거나 노력하지 않고 꿈을

16

향해 달리지도 않습니다.

그럼에도 우리는 엉망이 된 교육 현실을 제대로 바라보지 못하고 대안을 마련하지 못하고 있습니다. 또한 교육의 원칙과 공동의 잣대를 잃어버렸습니다. 대신, 그냥 내버려 둬도 잘 자라 주겠지 하는 '안일한 믿음'이 팽배해졌습니다. 많은 어른들은 지금의 교육 현실을 보며 아이들이 참 행복할 거라고 생각합니다. 대단한 착각입니다. 지금 우리 아이들은 균형을 잃은 위험천만한 배를 타고 있습니다.

교육이란 무엇인가요? 우리는 어떻게 하면 아이들에게 용기와 확신을 가르칠 수 있을까요? 그리고 그건 가능한 일일까요?

지금부터 이야기할 사례는 진부해 보일지도 모르지만, 교육의 기본을 보여 주는 좋은 예입니다. 한 핸드볼 코치가 자기가 맡은 팀을 매우 강도 높게 훈련해 수준 높은 팀으로 만들었습니다. 선수들의 움직임은 민첩했고, 숨 막힐 정도로 빠른 속도감이 관중들의 손에 땀을 쥐게 했습니다. 선수들은 정확하고 전략적으로 움직였고, 코치에게 훈련받은 대로 전력투구를 했습니다. 그 코치의 훈련 목표는 선수들이 전략적으로 사고하고, 호흡이 착착 맞는 가운데 페어플레이를 하는 것이었습니다.

처음에 아이들은 코치의 방식을 혹독하다고 느꼈지만 차츰 그 안에 깃든 애정을 알아채기 시작했습니다. 강도 높은 훈련과 그에 못지않은 사랑으로 학생들을 이끄는 것이 그 코치의 성공 비결이었습니다. 연습 때마다 그는 교육이 무엇인지를 몸소 보여 줬습니다.

이 코치는 살렘학교의 교사였습니다. 핸드볼 팀을 지도하는 방식으로 기숙학교 학생들도 가르쳤는데, 학생들은 그를 사랑하고 존경했습니다. 그가 얼마나 '일관성 있고' '세심하게' 아이들에게 다가가는지 다른 교사들이 감탄할 정도였습니다. 그렇게 거리낌 없이 강도 높은 훈련을 요구하고 아이들의 존경을 받는 그가 부럽기도 했습니다.

교육의 본질을 오냐오냐하면서 아이들을 받아 주는 것으로 여기는 분위기에서 그의 교육 방식은 놀랍게도 많은 이들의 지지를 받았습니다. 그의 열정 어린 헌신과 애정은 다른 이들의 교육관을 이론적이고 맥 빠져 보이게 했습니다. 그 코치는 타고난, 그리고 탁월한 교사입니다.

같은 시기, 살렘에 한 여교사가 근무하고 있었는데 그분의 교육 방식은 핸드볼 코치와 많이 달랐습니다. 그분 역시 누구 못지않은 열정으로 아이들을 지도했지만 핸드볼 코치가 권위나 원칙을 중요시했다면 이분은 조용하고 부드럽게 아이들을 지켜보는 편이었습니다. 아이들을 믿어 주고 쉽게 제지하지 않았지요. 하지만 교육에 대한 사명감과 열정은 핸드볼 코치에 뒤지지 않았고 학생들도 그 교사를 따랐습니다.

엄하게 가르쳐도 괜찮다

이끌어 주는 것과 내버려 두는 것. 이것은 교육의 양 축을 이룹니다. 이를 도공(그릇을 빚는 사람)과 정원사에 비유할 수 있습니다. 도공 같은 교육자는 아이들의 삶에 적극적으로 개입하고, 조율하고, 요구하고, 훈련하고, 혼자서 설 수 있도록 준비시킵니다. 자율과 자유를 얻게 하기 위해 훈련을 요구하는 것이지요. 반면 정원사를 표방하는 교육자는 아이들이 좋은 조건과 환경에서 자라날 수 있도록 하는 데 우선순위를 둡니다. 요구하기보다는 지원해 주고, 거의 개입하지 않습니다. 이들은 아이가 스스로 자연스럽게 훈련할 수 있다고 믿고, 제약이나 권위는 필요 없다고 생각합니다.

도공과 정원사는 교육의 두 가지 스타일을 대표하는데, 사실 완벽하게 들어맞는 도공과 정원사는 거의 없습니다. 대부분은 이 두 가지 스타일이 섞여 어느 한쪽을 중시하게 되지요. 그런데 이 두 스타일 모두 위험 요소가 있습니다. 도공 스타일은 강압과 권위만 앞세운 교육으로 변질될 수 있고 정원사 스타일은 교육 자체가 이루어지지 않을 위험이 있습니다.

독일인들은 히틀러 치하의 독재정권에서 권위를 앞세운 교육을 경험한 후 정원사의 나라로 탈바꿈하고자 했습니다. 하지만 그러다가 아예 교육을 하지 않는 나라가 되고 말았습니다. 정원사는 아이들을 적극적으로 지도하고 이끌어 주는 일을 하지 말아야 한다고 오해를 했기 때문입니다. 그러나 좋은 정원사라면 정원을 방치하는 것이 아니라 꽃과 나무들의 일상에 개입해 가지를 쳐내고, 버팀목을 대 주고, 비바람에 대비하고, 해충을 잡아 주는 역할을 충실히 해야 합니다.

교육의 본질은 '이끌어 주는 것'입니다. 이는 교육자를 뜻하는 '페다고그'(Pedagogue)라는 단어를 살펴보면 확인할 수 있습니다. 이 단어는 그리스어에 어원을 두고 있는데, 고대 그리스에서 주인의 아이를 교육 장소로 데려가던 노예를 말합니다. 데리고 가는 사람은 아이가 따라올 것을 기대하지만 아이들은 본질상 순순히 따르지 않습니다. 그래서 페다고그는 말을 듣지 않고, 반항하며, 규율을 지키지 않는 아이들을 데리고 가기 위해 온갖 수단을 동원했습니다.

세 살배기 아이가 떼를 쓸 때, 아이에게 손을 대지 않고 견디려면 상당한 자제력이 필요합니다. 아이가 떼를 쓰고 울더라도, 금방 양보하지 않고 장소와 무관하게 원칙을 끝까지 밀고 가려면 '용기'가 필요합니다. 슈퍼마켓, 식당, 전철이나 기차에서는 부모가 갈등을 견디지 못하고 양보하기 쉽습니다. 아이가 부모의 말을 듣도록 일관되게 요구하는 사람은 눈살을 찌푸리는 주위 사람들의 눈치를 보지 않을 용기가 있어야 합니다. 요즘 사람들은 일관되게 행동하는 부모를 고운 눈길로 보지 않습니다. 친척이나 친구들 모임에서도 마찬가지입니다.

교육하려는 사람은 아이들을 훈련할 수 있는 용기가 필요합니다. 그런데 훈련은 교육학의 미운 오리 새끼입니다. 동시에 모든 교육의 기초이기도 하지요. 훈련에는 인간이 싫어하는 모든 요소가 들어 있습니다. 복종, 포기, 절제, 인내. 훈련은 쾌락의 원칙이 아닌 성과의 원칙을 따릅니다. 목표에 도달하는 과정에서 제한하고 규제를 두고 심지어 명령하기도 합니다. 좋은 훈련은 타율로 시작해 자율로 끝난다고들 합니다. 훈련의 마지막 열매는 자기훈련(self-discipline)입니다. 그런데 이 훈련은 교사의 강압이 아닌 아이에 대한 '사랑'을 바탕에 두어야만 제대로 열매를 맺을 수 있습니다.

앞에서도 말했지만 교육은 대치되는 개념들 사이에서 끝없이 균형을 잡는 일입니다. 부모와 교사는 적극적으로 이끌어 주는 것과 스스로 자랄 수 있도록 기다리는 것 사이에서 균형을 잡아야 합니다. 원칙과 관용 사이에서, 훈련과 사랑 사이에서, 일관성과 배려 사이에서, 통제와 신뢰 사이에서 균형을 잡아야 합니다. 그런데 이 상반되는 개념들은 서로에게 필요한 개념이며, 그것들을 잘 선택해 활용할 때 비로소 진정한 교육이 가능합니다.

교육자라면 행동하기 전에 매번 이성적으로 치열하게 고민해야 하고, 생각 없이 행동해서는 안 됩니다. 저마다 개성이 다른, 이 세상에 하나뿐인 아이에 맞게 자신의 생각과 행동을 조율해야 하는 것입니다. "한 아이를 결코 다른 아이와 비교하지 말라. 단지 그 자신과만 비교하라"는 페스탈로치의 명언은 참 실천하기 힘든 동시에 포기할 수 없는 요청입니다.

자신의 결정을 의심하지 마라

양육의 고단함을 매일 겪다 보면 고민하지 않고 바로 뽑아 쓸 수 있는 방법이 있으면 얼마나 좋을까 하는 생각이 듭니다. 교육에 관한 절대답안이 있었으면 하는 마음이 드는 것이지요. 엄청나게 고민하고 나서 겨우 결정했는데 그 방법이 잘못된 것처럼 보일 때, 부모와 교사는 열정을 잃고 진이 빠짐니다. 결정을 할 때마다 이럴까 저럴까 새로 숙고하는 것은 정말 힘든 일입니다.

그러나 힘들다고 해서 도식적인 처방을 내려서는 안 됩니다. 도식적이고 틀에 박힌 처방은 모든 교육의 적이며 교육의 본질에 어긋나는 일입니다. 물론 도식적인 처방이 필요한 사소한 문제도 있습니다. 이런 경우를 제외하고 힘든 줄타기가 아닌 간단한 해결책을 찾고자 하는 사람은 이미 교육하는 사람이기를 포기한 것입니다.

교육을 맡은 사람은 늘 책임감 있는 결정을 내려야 합니다. 그러나 그 결정이 유일하게 옳은 결정이라고는 할 수 없습니다. 부모와 교사는 어떤 결정이 올바른 것인지 늘 의심하며 살 수밖에 없습니다. 그럼에도 그들은 자신들이 내린 결정 편에 서야 합니다. 술을 마실지도 모르는 파티에 열다섯 살짜리 아들을 보내는 것은 용기가 필요하고, 아들에 대한 믿음과 신에 대한 약간의 믿음이 있어야 가능한 일입니다. 설사 아들이 만취해서 돌아온다 해도 그 결정은 옳을 수 있습니다. 진정한 교육은 스스로를 시험할 기회를 허락하고, 좌절의 경험까지도 허락할 수 있어야 합니다. 실패와 갈등을 극복해 본 아이는 그런 경험 없이 순탄하게 지낸 아이보다 인성과 인격이 더 견고합니다.

우리 조부모 세대는 대부분 어떤 결정이 옳은지 알았고 의심하지 않았습니다. 이런 확고한 태도는 그들의 권위를 강화했고 아이들에게 안정감을 불어넣었지요. 물론 뭔가 어긋날 때도 있었습니다. 사랑이나 배려의 메시지가 아이들에게 전해지지 않았기 때문입니다. 아이가 뭔가를 잘못할 때 성급하게 비난했고, 아이가 자신의 능력을 확인해 볼 기회로 여겨주지 않았습니다. 거짓말을 했다고 고백하는 게 애초에 진실을 말하는 것보다 더 가치 있는 일일 수도 있다는 생각은 하지 못했지요.

그런데 오늘날 우리는 부모와 교사로서 더 힘든 일들을 겪고 있습니다. 이전 세대처럼 명확한 원칙을 적용하지 않고 상황에 따라 주관적으로 아이들을 대하고 있기 때문입니다. 교육자의 권위는 각각의 경우를 고려해 지혜롭게 결정을 내리는 용기에서 나옵니다. 힘든 일이고, 결단력이 필요한 일입니다. 하지만 요즘 사람들은 직장 일로 바빠 시간이 부족하고, 함께 차분히 상의할 사람을 찾기도 힘듭니다. 그래서 아이의 상황이 아니라 교육하는 사람의 상황에 맞춰 결정을 내릴 때가 많습니다. 여기서부터 많은 것들이 어긋나기 시작하지요.

그렇다면 우리는 어떤 방식으로 교육에 대한 결정을 내려야 할까요? 우리 주위에서 일어나는 교육의 일상을 돌아봅

시다. 일상은 반복입니다. 아이는 약속을 깨고 텔레비전 앞에 앉아 있고, 아버지는 딸을 나무랍니다. 이어 아버지와 딸 사이에 말씨름이 시작되죠. 아이는 온갖 이유를 갖다 붙이며 특별한 방송이니 한 번만 허락해 달라며, 다른 아이들도 다 본다고 떼를 씁니다. 그다음 감정적 무기를 꺼내 드는데, 대부분 애교 공세로 시작해 울거나 소리를 지르는 걸로 끝을 맺지요.

사실 말씨름에 응하는 순간 아버지는 이미 진 겁니다. 부모나 교사가 빠르고 명확하게 결정하지 않으면 합의가 깨지거나, 규칙이 소용없어집니다. 미리 허락받지 않은 방송을 보는 경우에는 별말이 필요 없습니다. 여기서 아버지는 단호하게 자신의 원칙을 고수하면 됩니다.

이 경우 아버지는 타협 없는 명확한 태도가 필요하다는 사실을 깨달아야 합니다. 아이들은 보통 명백하고 확실하게 제시된 결정에는 토를 달지 않습니다. 어른의 마음이 약해지는 순간, 말씨름을 시작하는 것입니다. 아이를 돌보는 것은 때로 두말할 필요 없는 원칙을 고수하는 것입니다.

하지만 열여섯 살짜리 딸이 난생처음 친구들과 밤에 클럽에 가는 걸 허락할 것인가 하는 것은 다른 문제입니다. 이 문제는 법적으로 명확하게 규정되어 있고 부모는 못 가도록 막을 수 있습니다. 그러나 이는 교육적으로 옳은 일일 수도 있고, 그른 일일 수도 있습니다. 아이의 성향에 따라, 부모와 딸 사이의 관계에 따라, 상황에 따라 다르게 접근해야 하지요. 안전에 관해서라면 타협은 없습니다. 클럽은 어느 정도 알려진 장소여야 하고, 혼자 가서는 안 되며, 미성년자가 운전하는 자동차에 타는 일은 없어야 합니다. 그러나 그 밖의 결정은 신뢰의 문제입니다. 딸을 신뢰하는 부모는 딸이 술이나 담배의 유혹을 뿌리치고, 치근덕대는 남자들에게 넘어가지 않을 거라고 믿을 수 있지 않을까요?

텔레비전 시청에 대한 문제는 도식적인 결정을 해야 하는 사소한 문제이고, 클럽에 보내는 문제는 신뢰와 용기가 필요한 중요한 문제입니다. 이 두 가지 예는 중요한 문제와 사소한 문제의 차이를 보여 줍니다. 사실 일상에서 만나는 많은 상황은 사소합니다. 이 사실을 잊지 않고 일관성 있게 행동하면 에너지와 시간을 낭비하지 않을 수 있습니다. 일관성 있게 행동하려면 약간의 자제력이 필요하겠지요.

작은 일을 명확하고 단순하게 해결해야 어려운 문제를 해결할 정신적, 시간적 여유가 생깁니다. 어려운 문제 앞에서는 아이와 함께 머리를 마주 대고 신중하게 해결책을 찾는 것이 최선이기 때문입니다. 고등학교를 어디로 진학할지, 스마트폰을 사 줄 것인지, 어떤 종교를 가질 것인지에 대한 것들은 부모, 교사, 아이가 함께 논의해야 할 중요한 문제입니다.

정직하고 도덕적인 아이가 행복하다

교육은 가치관을 형성하고 사람들은 교육받은 대로 생각하게 마련입니다. 기독교는 인간이 하나님의 형상으로 지어졌으나 본성이 타락했다고 보고, 끊임없이 회개하고 기도했습니다. 공산주의자들은 인간이 경제적으로 평등한 조건에서 이타주의자가 된다고 믿었고, 나치는 게르만 우월주의라는 착각에 빠졌습니다.

교육의 역사는 수많은 가치와 덕목을 심어 온 역사입니다. 그렇다면 현대 교육에 필요한 인간상과 가치는 무엇일까요? 나는 계몽주의의 편에 서고 싶습니다. 계몽주의는 자유, 평등, 박애, 정의, 진실, 인류애 같은 가치와 권리에 중요성을 부여했습니다. 교육자들은 아이들이 이런 가치를 마음에 지니도록 돕는 사명을 가진 이들이라고 할 수 있습니다. 모든 가치에는 그에 맞는 실천 덕목이 있습니다. 진실이라는 가치에는 정직이라는 덕목이, 평등이라는 가치에는 관용이라는 덕목이, 자유라는 가치에는 자유라는 덕목이 따라다닙니다. 진실

27

과 정직처럼 가치와 덕목이 구별되는 경우도 있고, 자유처럼 가치와 그 가치에 상응하는 덕목이 동일한 경우도 있지요.

문화와 도덕의 기본 가치를 의심하는 사람은 없을 것입니다. 그러나 그 가치를 실천하는 문제는 참으로 걱정스럽습니다. 사실 우리 시대의 문제는 가치의 붕괴가 아닌 믿음의 붕괴입니다. 좋은 가치들을 실현할 수 있고, 삶에서 다시 이런 가치들이 살아날 수 있다는 믿음이 붕괴되고 있습니다. 정직한 사람이 바보 취급을 받는 시대, 진실은 가치일 뿐 실현은 되지 않을 거라고 생각하는 시대입니다. 열악하고 척박한 현실에서 비롯된 생각들이 진실이 이길 수 있다는 믿음보다 더 강한 시대입니다. 그렇기 때문에 지금 이 시대 교육의 사명은 아이들에게 가치와 덕목들을 실현할 수 있다는 믿음을 불어넣어 주는 것입니다.

진실이라는 가치가 정직이라는 실천 덕목으로 발전하는 것은 말씨름을 통해서가 아니라, 본이 되는 사람들과 그들의 영향력을 통해서입니다. 사회에는 본이 되는 어른들이 있습니다. 지금 시대는 그런 이들을 찾아보기 힘들고 그들이 행사하는 영향력도 적지만, 부모와 교사 중에는 분명 본이 되는 이들이 있습니다. 이들은 일상에서 정직이라는 덕목을 아이들의 가슴에 심고자 애쑵니다.

아이는 거짓말을 하고, 변명을 하고, 다른 사람 탓을 합니다. 교육자는 그때마다 반응을 보이며, 분명하고 확실하고 용기 있게 진실을 말할 수 있도록 도와야 합니다. 그 과정에서 어른이 혹시나 부정직하게 행동하고 그것을 아이가 알게 될 경우 정직에 대한 모든 노력은 한순간에 무너질 수도 있습니다. 그러나 어른도 실수할 수 있습니다. 그러므로 거짓말을 한 경우에는 용기를 내어 진실을 고백해야 합니다. 그러면 아이는 정직하지 못한 모습을 고백하는 것이 얼마나 힘든 일인지를 깨닫고 어른의 고백을 받아들이고 정직이라는 가치를 마음에 새기게 될 것입니다.

교육은 지식과 교양을 가르치는 것으로 완성됩니다. 이는 단순히 머릿속을 채우는 것이 아니라 선배들이 전해 준 지식을 가르치고, 이런 지식을 통해 자신의 삶을 해석하고, 어떻게 살아야 할지 동기와 답을 얻게 하는 것을 말합니다. 우리는 지적, 정서적 교육을 통해 아이들의 인격을 만듭니다. 도덕적 가치를 깨닫고 지식을 숙고할 수 있는 능력이 아이들에게 장착될 때 아이들은 우리 시대를 뒤흔드는 강렬한 유혹을 이길 수 있습니다. 그러므로 교육은 지, 정, 의의 토대 위에 한 사람을 바로 세워, 자신과 세계를 정확하게 인식하고 용감하게 행동하게 하는 것입니다.

일관성을 사수하라

지금까지는 부수적으로만 이야기했는데, 교육의 주된 덕목은 바로 '일관성'입니다. 딸아이가 어릴 때, 나는 특별한 때만 초콜릿을 주기로 결심했습니다. 그런데 유감스럽게도 이 결심은 매일 흔들렸습니다. 슈퍼마켓에 갈 때 초콜릿을 사 주면 딸아이가 떼를 쓰는 난감한 상황을 피할 수 있었고, 초콜릿 하나면 말썽 부리지 않고 잠자리에 들었습니다. 아무리 칭얼거려도 '비밀 서랍'에서 초콜릿 한 조각을 꺼내 주면 뚝 그치고, 그제야 나는 중요한 메일을 써서 보낼 수 있었습니다. 그러나 그 결과는 참담했습니다. 딸아이의 이가 몽땅 썩고, 초콜릿 없이는 말을 듣지 않고, 공공장소에서도 떼를 쓰는 아이가 되었습니다. 딸은 자신이 가진 권력을 금방 알아채고 집에서도 초콜릿을 주지 않으면 말을 듣지 않고 계속 내 신경을 곤두세웠습니다. 나는 일관성 없는 행동으로 교육의 원칙에 위배되는 행동을 했고, 결국 그 후유증을 감당해야 하는 것은 내가 아니라 딸이었습니다.

일관성 있는 교육이란 교육의 원칙으로 정한 잣대를 매일 흔들림 없이 적용하는 것을 의미합니다. 일관성 있는 교육을 애완견 훈련과 비교해 봅시다. 털을 깎을 때 강아지가 가만히 앉아 있게 하기 위해서는 거의 기계적으로 목줄을 잡아당겨야 합니다. 버둥거리면 매를 들거나 한결같은 말과 제스처로 앉아 있게 만들어야 합니다. 원칙을 '철저하게' 고수하는 것이 성공의 비결이지요. 고집스러운 일관성으로 강아지가 반사적으로 특정한 행동패턴을 받아들이도록 하는 것입니다.

하지만 사람을 교육할 때는 일관성을 갖되 융통성을 발휘해야 합니다. 기계적으로 정해진 행동을 하도록 훈련하는 것이 아니라, 제약과 반복을 통해 훗날 스스로 규칙을 따를 수 있도록 준비시키는 것입니다. 다만 안전과 건강 영역만큼은 사람을 교육하는 방식의 일관성과 애완견 훈련에서의 일관성이 다르지 않습니다. 불, 약품, 전기를 다루고, 교통질서를 지키는 훈련은 애완견 훈련에 버금가게 해도 됩니다. 물론 이 부분에서도 나중에 아이들이 스스로 깨닫게 하는 것이 중요하지요.

독일 국민들은 일관되지 못한 행동의 대가들인데, 이는 부모와 교사, 아이들의 삶을 모두 힘들게 만듭니다. 독일인들은 규칙을 만들 때 세 가지 예외 조항이 없는 규칙은 만들지 않습니다. 사람들이 엄격한 일관성을 싫어할까 봐 두려워하기 때문이지요.

교육에서의 일관성은 기계적인 행동이 아니라, 교육자의

가치관과 노련함이 중요하기에 일관성 있는 교육에 가장 중요한 두 가지 조건을 언급하고자 합니다.

첫째, 일관성 있는 교육에는 '시간'이 듭니다. 필자 역시 일관성을 깨고 싶었던 적이 한두 번이 아닙니다. 약속 시간은 다가오고, 아이와의 대치 상황을 견뎌 내기가 힘들었기 때문입니다. 아이들은 아버지나 어머니가 시간이 없다는 걸 기가 막히게 압니다. 아이들에게 그 사실을 들키면 부모는 이미 진 것입니다. 급하게 밥을 먹으면서 식사 예절을 훈련하는 것은 불가능합니다. 일관성 있게 식사 예절을 연습하다 보면 식사 시간이 길어지기 마련입니다. 아이들에게 집안일을 하게 하는 데도 시간이 필요합니다. 아이들이 설거지하면서 꾸물거리는 걸 엄마들이 참지 못하고 끼어들어 해치워 버릴 때가 얼마나 많은가요. 사소해 보이지만 이렇게 하는 것은 자기 발등을 찍는 중대한 실수입니다. 이 닦는 습관을 들일 때도 인내가 필요합니다. 결국 교육의 위기는 시간 부족에서부터 시작되는 겁니다.

독일의 소설가 폰타네는 이런 말을 남겼습니다. "인간을 돕는 천사는 시간이다." 시간이 없거나 시간을 내지 않는 것은 교육자들이 흔하게 저지르는 중대한 실수입니다. 독일의 소설가이자 노벨문학상 수상자인 토마스 만의 아들 골로 만은 자신이 살렘학교에 다닌 이유에 대해 "아버지처럼 신경이 예민한 예술가는 시간이 없어서요"라고 대답했습니다. 토마스 만은 자녀들에게 즉흥적으로 시간을 내는 법이 없었습니다. 삶의 리듬, 즉흥적인 아이디어, 아이들의 필요에 응답하는 시간은 천재의 하루 일과에 끼어들 틈이 없었던 모양입니다.

자본주의 이론가 벤저민 프랭클린은 "시간은 돈이다"라는 공식으로 자본주의 경제체제를 살아가는 사람들의 생활 태도를 묘사했습니다. 이런 태도는 교육의 세계도 정복했고 별다른 목적 없이 놀이 자체를 즐기고, 여유를 즐기고, 창조적으로 쉬는 일은 눈총을 받기 십상입니다. 그러나 사실은 그런 시간들이 모여 옥토를 이룰 때, 그 옥토 위에서 교육이 꽃필 수 있습니다. 힘들게 일한 아버지가 퇴근하면 자녀들은 아버지의 소중한 자산인 시간을 원합니다. 시간을 낸다는 것은 아이들의 말을 주의 깊게 들어 주고, 함께 뭔가를 만들고, 책을 읽어 주고, 게임을 하고, 그냥 뒹굴며 노는 것입니다. 아버지는 퇴근하고 집에 와서 텔레비전을 보거나 신문을 읽으며 편히 쉬고 싶지만, 아이들이 자라는 동안에는 이런 꿈을 잠시 내려놓고 아이들을 위한 시간에 자리를 내주어야 합니다.

부모와 교사들은 시간을 어떻게 쓸지 미리 잘 가늠해야 하며, 아이들과 보내는 시간을 자신을 위해서도 유익한 것으로 여겨야 합니다. 이것은 맞벌이를 하는 부모들이 특히나 명심해야 할 부분입니다. 맞벌이 부부들의 고충에 대해서는 잘 알고 있지만, 자녀들을 양육해야 하는 시기에는 이 사실을 잊지 말아야 합니다.

엄격한 일관성을 아이들에게 거부감 없이 전달하기 위해서 필요한 두 번째 조건은 바로 '유머'입니다. 아이들은 유머러스한 상황에 잘 반응합니다. 비틀거리며 걸어 다니는 광대를 보고 웃고, 꼬리를 흔드는 작은 강아지를 보고 미소를 짓습니다. 아이들은 힘이 센 동물이나 힘이 약한 동물들이 나오는 만화영화를 좋아합니다. 이런 맥락에서 아이가 웃는다는 것은 정신적으로 건강하고 문제가 없다는 것을 보여 주는 증거입니다.

유머는 너그러운 마음에서 나옵니다. 너그러움과 유머가 부족한 사람은 누군가를 가르치기 어렵습니다. 너그러운 교육자는 아이의 단점이나 실수를 이해하고, 일관성을 고수하되 미소를 잃지 않습니다.

교육자가 되려는 사람은 유머와 빈정거림을 구분할 줄 알아야 합니다. 사실 유머와 빈정거림의 경계를 짓기는 쉽지 않은데, 빈정거리는 것은 원래 하려던 말과 반대되는 말을 하는 것입니다. 한 교사가 수학에 젬병인 학생에게 이번에도 수학

시험에서 대단한 재능을 보여 주었다고 말한다면, 이는 있지도 않은 강점을 칭찬하면서 아이를 웃음거리로 만드는 것입니다. 이것은 유머가 아니라 빈정거림입니다. 반면 아이들을 존중하면서 구사하는 진정한 유머는 아이들의 마음을 열게 합니다. 그 바탕에 따뜻한 인간애가 깔려 있지요. 예를 들면, 수학 점수가 잘 나오지 않는 아이에게 어렵겠지만 수학과 사랑에 빠지는 날까지 열심히 해 보자고 한다면 아이의 마음에 상처를 주지 않으면서도 미소를 짓게 할 수 있을 것입니다.

사랑만으로는 충분하지 않다

원칙과 관용, 훈련과 사랑, 일관성과 배려, 통제와 신뢰 사이에서 중용을 찾는 것은 우리가 배워야 하는 가장 중요한 덕목입니다. 그러나 우리는 자꾸 관용, 사랑, 배려에 치우치는 경향이 있습니다. 우리는 엄하게 교육하다가 아이들의 마음이 닫힐까 봐 두려워하고, 훈련이 아이들의 마음에 부담이 될까 봐 염려합니다.

그러나 명심해야 합니다. 엄한 태도가 오히려 아이들을 강하게 만들고, 너무 배려해 주고 과잉보호하는 것이 아이들을 약하게 만들 수 있습니다. 오늘날 교육의 균형을 찾고자 하는 사람들에게 권하고 싶은 것은, 조금 더 용기를 내 엄격한 쪽으로 가라는 것입니다. 배가 왼쪽으로 기울면 몸을 오른쪽으로 기울이고, 배가 오른쪽으로 기울어지면 몸을 왼쪽으로 기울이는 뱃사공의 모습을 늘 명심하시기 바랍니다. 이제 정의, 훈련, 통제, 일관성 쪽으로 몸을 기울일 차례입니다. 그러다 어느 순간 자비, 사랑, 배려가 필요할 때가 오면 다시 그쪽으로 몸을 기울이면 됩니다.

그리고 아이들이 엄격함을 받아들이는 것보다 부모, 교사가 일관성 있고 엄격하게 교육하는 것이 더 어렵다는 점을 명심해야 합니다. 우리의 미래는 아이들을 기르는 것을 공동의 잣대를 가지고 가정과 국가의 최우선 과제로 삼을 수 있는지, 우리의 힘과 창의력과 재정을 교육에 투자할 수 있는지에 달렸습니다. 미래가 보이지 않는 시대입니다. 이런 때일수록 한 사람의 모든 자질을 계발하고 키우려는 전인교육에 힘써야 합니다. 그렇게 할 때, 소중한 가치들이 그저 지식으로만 머물지 않고 아이들의 삶을 변화시켜 결국 아이들의 미래를 환하게 밝힐 수 있을 것입니다.

아이는 아직
성숙한 존재가 아니다

어린 아기들이 자라면서 보이는 가
장 큰 욕구는 자기 마음대로 하고 싶은, 즉 자율성에 대한
욕구입니다. '내가 하꼬야(할 거야)', '혼자 하꼬야'라고 하면
서 자기 혼자 하겠다는 의지를 드러내지요. 사실 이런 행동
에는 인간의 본능, 즉 자유에 대한 의지가 드러납니다. 그러
나 자유의 많은 속성 중 독립성과 자발성에 대한 욕구만 드
러날 뿐입니다. 자유에는 혼자서 해내는 것 이상의 의미가
있습니다.

자유는 스스로 목표를 정하고, 도덕적 가치를 지키고, 삶과
조화를 이루며 목표를 향해 일관되게 나갈 수 있는 의지와 능

력을 의미합니다. 이것이 바로 자기결정(Self-determination)의 개념입니다. 프리드리히 니체는 자유의 개념을 이렇게 정리했습니다. "그대는 스스로를 자유하다 하는가? 그대를 지배하는 생각을 듣기 원하노라. … 무엇으로부터의 자유인지는 차라투스트라에게 중요하지 않으니. 무엇을 위한 자유인가. 그대의 눈은 그것을 내게 밝히 알려야 하리."

아이들은(물론 어른들도) 자유를 독립성과 동일시하는 중대한 오류를 범하곤 합니다. 많은 아이들은 권위에 복종하기를 거부하는 것, 즉 감독의 손아귀에서 '벗어나는 것'을 자유라 여기지요. 자유와 독립을 동일시하는 것은 아이들의 마음을 흔들어 놓습니다. 이런 대단한 착오는 아이들이 만들어 낸 것이 아니라 많은 부모, 교사, 무엇보다 교육 이론가들이 부추긴 것이지요. 이런 어른들은 아이들을 일찌감치 권위로부터 해방시켜 마음대로 살게 하면 자유로워진다고 생각했습니다. 그러나 진짜 자유로운 인간이 되려면 '무엇을 위한' 자유인가에 답할 수 있어야 합니다. 이 질문에 대한 대답은 동시에 '나는 누구인가?', '나는 어떤 길을 가야 하는가?', '내 삶의 의미와 목적은 무엇인가?'라는 질문에 대한 대답입니다.

자유는 어떤 기분이나 상태를 일컫는 말이 아닙니다. 자유는 지난한 과정을 거친 끝에 맺는 귀한 열매입니다. 자신을 극복해 나가는 무수한 단계, 훈련을 통한 무수한 변화와 성숙의 단계를 통해 얻는 것이 바로 자유입니다. 니체는 "예속 상태를 던져 버리면서 마지막 가치마저 던져 버리는 사람들이 많다"고 했습니다. 니체의 말은 스스로 결정해야 한다는 생각 없이 그저 독립만을, 마음대로 사는 것만을 추구하는 것은 차라리 누군가에게 묶여 사느니보다 못하다는 말입니다.

아이들은 원하는 것을 마음대로 할 수 있고, 그렇게 해도 아무도 뭐라고 하지 않는 자유를 꿈꿉니다. 규칙도 없고, 안 되는 것도 없고, 지시나 잔소리도 없는 삶을 동경합니다. 아스트리드 린드그렌이 창조한 소설 속 주인공 삐삐 롱스타킹이 바로 이런 자유를 만들어 냅니다. 삐삐는 환상적인 무정부 상태에서 삽니다. 구속을 싫어하는 아이의 욕구를 100퍼센트 만족시키는 삶입니다. 아이들은 모험을 무릅쓰는 삐삐의 용기에 감탄하면서 자기들도 그런 용기를 가지고 싶어 합니다. 삐삐 롱스타킹은 독립을 방해하는 것은 다 몰아내 버리고, 동화 같은 꿈을 실현합니다. 『삐삐 롱스타킹』이 제국주의 시대에 나왔더라면 금서까지는 아니어도, 최소한 외면을 당했을 것입니다. 아이들의 무정부주의적인 소질을 부추기다시피 하는 책이니까 말입니다.

자유는 주어진다고 누릴 수 있는 게 아니다

나 역시 젊은 시절 잘못된 길을 걸었습니다. 학생들이 알아서 결정하게 하고 스스로 책임 있는 행동을 하도록 교육하려고 했습니다. 살렘학교 교사로 처음 부임했을 때, 아이들에게 많은 책임을 부여하기로 했습니다. 그래서 아이들이 알아서 방을 청소하고, 시간을 잘 지키고, 다른 사람을 생각해서 음악 소리를 낮추고, 공동으로 쓰는 주방과 샤워실을 청소하고, 밤에는 조용하게 잘 것을 기대했습니다.

책임을 지우려고 했으니, 한발 물러나서 아이들이 교사의 지시 없이 이성적으로 행동할 수 있도록 자유를 주었습니다. 조금만 지나면 지저분한 방을 견디지 못해 청소를 할 것이고, 시끄러운 음악이 거슬려 소리를 낮출 거라고, 더러운 주방을 보며 짜증이 나서 서로 당번을 정해 치울 거라고 생각했습니다. 나는 독일의 혁명적 사회주의자인 로자 룩셈부르크의 말을 참 좋아했습니다. "자유는 다름 아닌 다르게 생각할 자유다." 아이들은 이 말을 아주 멋지다고 생각했고 이 문장은 공동생활의 원칙이 되었습니다.

그러나 이 실험은 실패로 돌아갔습니다. 내가 맡은 열두 명중 넷만이 스스로를 관리할 수 있었고, 나머지 아이들은 엉망진창으로 살았습니다. 네 명의 '괜찮은 아이들'도 서로 기질이 달랐습니다. 그중 둘은 자신들만 옳다고 생각하는 독선적인 스타일이어서 얼마 지나지 않아 내가 아이들을 강력하게 제지해야 한다고 요구했습니다. 나머지 두 명만이 질서 있게 생활하면서도 아이다움을 잃지 않는 유쾌한 아이들이었습니다. 나는 몇 달을 버티다가 아이들이 권위주의적이라고 여기는 교육 방법으로 돌아갔습니다. 그러자 자신들만 옳다고 주장했던 두 학생이 우레와 같은 박수를 쳤고, 아이다운 아이들은 아무 반응이 없었습니다. 정말 화가 나고 마음이 힘들었지요.

같은 시기, 나는 수업 시간에도 실험을 했습니다. '학생들이 학교를 만든다'는 기치 아래 수업을 진행하는데 아이들에게 더 많은 자유와 책임을 주고 의욕을 북돋우려고 했습니다. 아이들이 선지식이 없어도 자율적으로 해 나갈 수 있을 '역사'와 '사회'를 실험 과목으로 정했습니다.

우리는 학생들과 함께 아웃라인을 잡기 시작했습니다. 테마는 폭력을 사용한 인권 실현이었고, 노스아일랜드에서 1970년대에 소수의 구교도 주민이 다수의 개신교 주민들에게 맞섰던 격한 분쟁을 예로 택했습니다. 나와 다른 지도 교사는 수업 준비에 많은 힘과 시간을 쏟았습니다.

결과를 미리 말하자면, 얼마 안 가 엄청나게 열심인 교사 두 명이 의욕 있는 다섯 학생들, 즉 모범생들의 도움을 받아 프로젝트를 끌고 가고 있었습니다. 나머지 열다섯 명은 건성으로 참여하거나 새로 얻은 자유를 쓰느라 여념이 없었습니다. 그 실험은 1915년에 오스트리아-이탈리아 국경에서 벌어진 전쟁을 연상시켰습니다. 두 장교가 이탈리아 참호에서 일어나 깃발을 빼 들고 "앞으로!"라고 외치면서 전진했습니다. 나머지 군인들은 우레와 같은 갈채를 보냈지만, 모두 참호에 그대로 남아 있었습니다. 우리 교사들은 정말 죽도록 애를 썼고 다섯 명의 학생들이 의욕 있게 참여했지만, 열다섯 명은 그들의 자리를 고수했고 아무것도 하지 않았습니다.

나중에야 보덴제 학교 교장이자 목사였던 알프레드 힌츠로부터 학생들에게 자유와 공동책임을 부여하려면 제대로 된 교육안이 필요하다는 것을 배웠습니다. 학생들에게 자유를 허락하는 것은 세심하게 계획한 교육 자료를 바탕으로, 미리 계획한 노선으로 학생들을 이끌 수 있을 때에야 가능한 것입니다.

학생들에게 자율권과 책임을 부여하기 위해서 교사는 꼼꼼한 교육안을 통해 학생들을 자연스럽게 이끌어 가야 합니다. 그러면 학생들은 자신이 주도적으로 학습을 해 나가고 있다고 믿게 되지요. 학생들에게 '유익한 착각'을 불러일으키는 것입니다. 이때 교사는 미리 꼼꼼히 준비한 학습 자료가 수업을 주도하게 하면서 수업에서 중립적인 사회자의 역할만 감당하면 됩니다. 그러나 오늘날 '학생들이 학교를 만들어 나가는' 스타일의 시도는 어설프게, 하지만 끊임없이 계속되고 있습니다. 개방적인 교사들은 자유만 허락하면 학생들이 책임 있는 행동을 할 거라고 순진하게 믿기 때문입니다.

얼마 전에, 한 교사가 서드베리 학교에 대해 어떻게 생각하는지 물어 왔습니다. 서드베리 학교는 1968년 미국 매사추세츠 주 서드베리 밸리에 설립된 최초의 대안학교입니다. 지금은 세계적으로 30개 이상의 서드베리 학교가 운영되고 있습니다. 학교 안내 책자에 보면 "이곳에서는 무엇을 공부할지, 어떻게 공부할지, 무엇을 가지고 공부할지, 누구와 공부할지를 학생 스스로가 정한다"고 되어 있습니다. 이 교사는 자신도 그런 학교를 세우고 싶다고 했습니다.

나는 대단한 카리스마가 있는 사람이 운영하고, 학습을 통해 학생들의 일상에서 질서가 생겨나도록 할 수 있다면 그런 실험을 할 수도 있다고 했습니다. 또한 학생의 상당수는 가정교육을 잘 받아 이미 질서가 잘 잡히고 스스로 공부할 능력이 있는 아이들이어야 하며, 학습적인 문제들을 잘 해결하는 학교라고 소문이 나서 학습에 부진한 아이들이 몰려오는 학교가 되면 안 될 거라고 했습니다. 즉, 평범한 교사가 평범한 아이들을 데리고서는 어디에서도 그런 이상적인 학교를 만들 수 없다는 이야기를 하고 싶었습니다. 설득하고 싶은 마음보다는 현실을 직시할 수 있도록 돕고 싶었지만 그 교사는 내 말에 그리 동조하는 것 같지 않았습니다.

아이를 행복으로 밀어붙여라

물론 일찌감치 자유를 누릴 만큼 성숙한 학생들도 있습니다. 그러나 그런 성숙함은 아이다움을 잃어버리게 할 때가 많습니다. 아이다움을 잃은 아이들은 자기만 옳다고 생각하는 태도를 지닌 차가운 아이들이거나, 힘겨운 상황 때문에 책임감이 과도하게 부여된 아이들일 수도 있습니다.

우리는 다시 오래된 진리로 돌아가야 합니다. 스스로 기꺼이 복종할 수 있는 사람, 자기를 훈련하고 자기를 발견하는 사람만이 자유의 길을 걸을 수 있습니다. 그럼으로써 자유의 길은 행복의 전제조건이 됩니다. 힘들게 얻은 행복은 더 큰 기쁨을 주게 마련입니다. 산봉우리를 정복해 본 사람은 그때 밀려오는 행복감을 알 것입니다. 피아노를 배우는 아이들은 다른 아이들 앞에서 연주하기 위해 몇 달을 연습합니다. 연주를 성공적으로 끝냈을 때의 행복감은 이루 말할 수 없기 때문입니다. 그 행복은 우연히 얻은 것이 아니라 끊임없이 절제하고 인내하면서 얻은 것입니다.

사람들은 행복이 오기를 고대합니다. 그러나 행복은 그냥 오지 않습니다. 노력해서 얻는 행복은 거저 주어지는 행복보다 훨씬 더 가치가 있습니다. 물려받은 유산으로 즐기기만 하는 이의 행복보다는 자수성가한 이의 행복이 더 커 보입니다. 자발적 노력으로 얻은 행복은 거저 얻은 행복보다 더 오래가지요. 이런 행복은 다 지나가더라도 씁쓸한 기분을 남기지 않습니다. 따라서 질투를 불러일으키지 않고, 소모되지 않고, 반복될 가능성도 높습니다.

"사람을 행복으로 '밀어붙이라'"는 격언이 있습니다. 바이올린과 피아노 연주가 듣는 사람을 행복하게 만들려면 얼마나 많은 땀과 노력이 있어야 할까요. 발레리나는 얼마나 많은 훈련을 하고, 화가는 또 얼마나 많은 캔버스를 낭비하나요. 이건 관객의 입장에서도 마찬가지입니다. 아이를 음악회나 미술관에 데려가려고 하면 얼마나 많은 갈등이 빚어지는지 모릅니다. 그러나 그런 강제 없는 〈크리스마스 오라토리오〉나 〈마술피리〉를 감상하는 행복, 또는 오래된 성당을 감상하는 행복을 누리지 못합니다.

이웃을 사랑하는 일과 행복을 연결하는 사람은 많지 않습니다. 누군가를 위해 봉사하는 일은 그다지 매력적이지 않기 때문이지요. 그런데 살렘학교 창시자 쿠르트 한은 기발한 봉사 교육 프로그램을 계발했습니다. 이런 프로그램을 전국 모든 학교에 의무적으로 도입하면 얼마나 좋을까요. 고학년 모든 학생은 일주일에 하루, 두 시간 내지 세 시간을 다른 사람들에게 봉사하면서 보내야 합니다. 아이들이 가장 많이 하는 봉사는 장애아들을 돌보고, 초등학교 아이들의 숙제를 도와주고, 노인들을 방문하고, 다문화가정 아이들에게 독일어를 가르치는 일입니다. 봉사는 의무이며, 거기에는 대단한 힘이 있습니다. '의무' 조항이기 때문에 모두가 참여해야 합니다. "식욕은 식사와 함께 온다"는 말처럼, 의무적으로 어떤 일을 하다가 그 일이 좋아질 수 있습니다. 아이들은 봉사를 통해 또 하나의 훈련을 하고 동시에 행복과 기쁨을 맛볼 수 있습니다.

포기와 절제가 삶을 성장하게 한다

요즘 아이들은 힘들게 노력해서 얻는 행복감을 별로 맛보지 못합니다. 행복을 느낀다면, 자기 내면이 아닌 외부에서 일방적으로 주는 것일 겁니다. 텔레비전을 보고, 인터넷을 하고, 컴퓨터 게임을 하는 것이 행복의 원천입니다. 돈이 행복을 가져다준다고 생각하고, 매력적인 얼굴과 몸이 행복을 가져다줄 거라고 생각합니다. 애를 써서 얻는 행복, 고생 끝에 얻는 행복을 아는 아이들은 정말 드뭅니다. 그래서 우리는 옛 진리로 돌아가야 합니다. 절제와 인내를 인생의 걸림돌이 아니라, 인생을 한 단계 성장시키는 과정으로 선포할 용기를 내야 합니다.

내가 어린 시절 다녔던 가톨릭 기숙학교에서는 해마다 축제를 열었고, 축제에 이어지는 사순절(기독교의 절기. 부활절 40일 전, 재의 수요일에 시작해 성토요일에 끝난다) 기간에 중요한 의미를 부여했습니다. 학교에서는 풍성한 잔치를 마련했고, 우리는 자유롭게 즐긴 다음 재의 수요일부터 절제하는 기간에 돌입했습니다. 우리는 축제와 절제 모두를 중요하게 여겼습니다. 재의 수요일과 함께 40일 자기훈련 기간이 시작되는데, 열심 있는 학생들은 표를 만들어 포기를 주제로 자기가 감당할 훈련 목록들을 기록했습니다. 무엇을 포기하든 상관없었습니다. 자신에게 특별히 힘들게 다가오는 부분에서 절제할 것을 서약했습니다. 그리고 이웃을 도울 수 있는 방법을 계획하고, 하기 싫은 일을 하고, 자원해서 여러 가지 수고를 감당했습니다.

학생들은 함께 포기를 연습했고, 함께하니 어려운 것도 조금은 쉽게 할 수 있었습니다. 우리는 그 기간에 절제를 연습했고, 마음을 깨끗하게 하려고 노력했습니다. 그렇게 포기를 연습하고 포기가 주는 축복을 경험하면서 포기가 삶을 성장하게 만든다는 사실을 깨달았습니다.

우리는 오래된 지혜를 묵히지 말아야 합니다. 나는 사순절 기간을 통해 머리로만 이런 지혜를 아는 게 아니라 직접 경험할 수 있었습니다. 훈련을 통해 의무적으로 그런 경험을 해 보지 않고서는 자기를 극복했을 때 오는 행복을 알 길이 없습니다. 자신의 바람과 욕구에 반대되는 규칙에 '자발적으로' 복종하는 아이들은 없습니다.

어떤 교육자도 교육자 자신을 위해 아이들에게 훈련과 절제와 포기를 처방하지는 않습니다. 아이들의 성장을 위해서 하는 것이지요. 예전에 살렘에서는 자기를 점검하는 프로그램을 의무적으로 시행했습니다. 이는 수도원 시대의 자기 점검 도구로, 참가 학생들은 노트를 받습니다. 노트에는 학생들이 지켜야 할 다양한 의무들이 쓰여 있습니다. 이 닦기, 시간 엄수, 침대 정리 같은 일상적 의무들도 있고, 타인의 이야기 경청하기, 스스로 세운 목표 이루기 같은 의무들도 있습니다.

학생들은 매일 저녁, 각각의 의무 뒤에 플러스 또는 마이너스 표시를 합니다(의무를 이행한 경우 플러스, 이행하지 못한 경우 마이너스). 장기적으로 이런 자기 점검을 습관화하면, 자기를 훈련하는 데 큰 도움이 됩니다.

오늘날 우리는 아이들에게 스스로 자신의 삶을 점검할 수 있도록 독려하지 않습니다. 이런 구체적이고 확실한 도움들이 없기에, 아이들의 삶이 계속 더 황폐해지는 게 아닐까요. 지혜로운 교육자가 고심하고 철저히 입증해 교육에 접목하는 프로그램들이 절실히 필요합니다.

가정, 유치원, 학교, 여러 교육시설에서 우리는 용기 있게 절제와 포기 훈련을 도입해야 합니다. 그리고 가족 모임이든, 공동체 모임이든, 더 많은 모임에 아이들이 의무적으로 참여하게 해야 합니다. 주말에는 함께 산책을 하거나 소풍을 가고, 콘서트나 연극을 관람하고, 정기적으로 할아버지나 나이든 친척을 방문하고, 간식처럼 작은 부분들을 절제하는 연습을 하고, 기독교 가정이라면 일요일에 예배에 참여하게 하고…. 이런 의무적이고 형식으로 정리된 연습들은 자신의 삶을 스스로 결정지을 능력을 길러 줍니다.

이게 무슨 새로운 방법론이냐고 할 분도 있겠지요. 맞습니다. 새로울 것이 없는 이야기입니다. 하지만 가만히 생각해 보십시오. 우리는 삶의 기본, 바탕을 잃어버린 채 잘 살고 있다고 애써 착각하고 있는지도 모릅니다. 우리는 일상을 점검하고 바꾸어 나가야 하는 시점에 서 있습니다. 자유라는 이름으로 용인해 왔던 많은 것들이 우리 삶을 위협하는 존재로 부메랑처럼 날아오고 있기 때문입니다.

우리는 일상에서 기본을 다시 찾아야 합니다. 그리고 그것은 일상화된 훈련으로만 가능합니다. "자신의 주인이 되어 스스로를 다스릴 줄 아는 자에게 이 넓은 세상과 만물은 복종하리라." 독일 시인 파울 플레밍의 시에 나오는 문장입니다. 아이들의 침대 맡에 붙여 주어 곱씹을 수 있도록 하면 참 좋을 말입니다.

절대로 아이에게
지지 마라

부모는 아이들에 대해 절대적인 권력을 지닙니다. 아이들이 싫다는데도 아이들을 번쩍 들어 안기도 하고 밀쳐 내기도 합니다. 아이들에게 부모는 '생사의 주관자'나 다름없지요. 독재적인 부모 아래 크는 아이들은 신체적, 정신적으로 온전할 수 없고 생각도 자유롭지 못합니다. 『신데렐라』, 『헨젤과 그레텔』, 『해리포터』 같은 동화들은 부모와 어른이 아이들에게 미치는 힘에 대해 이야기합니다. 아이들의 고통, 구원에 대한 동경, 구원의 과정을 세세하게 보고합니다. 부모의 힘은 충분히 폭력으로 변질될 수 있습니다. 아이들은 부모가 무관심하고, 자제력을 잃을 때 심적으로 위축

되고 시들해집니다. 아이들의 권리는 법적으로 보장되어 있지만 소송이 제기되는 경우는 많지 않습니다. 가족은 사적인 영역이고, 극단적인 상황이 되기 전에는 제3자가 발을 들여놓기가 쉽지 않지요.

부모의 힘은 보호를 의미하기도 합니다. 어머니가 돌진하는 차 앞에 서 있는 아이를 밀쳐 내면, 어머니의 힘이 한 생명을 구한 것입니다. 부모는 그들의 힘으로 아이들을 교육하고 아이들은 부모를 힘 있는 존재로 인식하기 때문에 안전함을 느낍니다. 부모의 힘은 아이들의 눈에 초인적으로 보이고, 그 힘은 어떤 무서운 존재도 막아 줄 수 있습니다.

이런 부모의 힘은 아이에 대한 사랑으로 인해 '권위'가 됩니다. 부모는 사랑이라는 이름으로 힘을 행사합니다. 경찰이 힘을 행사하는 것도 마찬가지입니다. 경찰이 질서를 유지하고 인간의 존엄성을 지키기 위해 힘을 사용하면 권위가 됩니다. 의사는 의학적 지식과 기술을 통해 전문가로서의 힘을 가지며, 그 힘은 치료하려는 의지를 통해 권위가 됩니다. 권위가 두려움을 낳는다는 것은 전후 시대에 만들어진 오해로, 많은 부작용을 낳았습니다. 정당하게 사용된 힘, 즉 권위는 두려움이 아니라 신뢰를 만듭니다. 오히려 권위의 결핍이 두려움과 불안을 낳고 삶의 방향을 잃게 합니다.

아이들은 성장하면서 부모와 지속적으로 힘 대결을 펼칩니다. 언젠가 교무실에서 열다섯 살짜리 딸과 어머니가 싸움닭처럼 마주 앉아 신경전을 벌였습니다. 바로 눈앞에서 권력다툼이 전개되었고 차갑고 날선 대화가 이어졌습니다. 어머니는 자극적인 단어를 썼고, 딸은 예의의 경계를 넘어설 듯 말듯 위태롭게 말대꾸를 했습니다. 결국 모녀의 말싸움은 내가 개입한 뒤에야 끝이 났습니다. 딸은 형식적으로라도 예의를 지키지 않으면 살렘학교에 입학하지 못할 수도 있겠다는 결론을 내렸습니다. 살렘학교를 어머니의 지배에서 벗어나는 유일한 탈출구로 보았던 것입니다.

아주 어린 아이들도 부모의 권위에 대항하려고 합니다. 소리를 지르고, 뒤집어지고, 바닥에 드러눕고, 억지를 부리고, 떼를 씁니다. 부모의 힘에 대항해 자신의 생각을 관철시키려는 것이지요. 유년기의 반항이 끝나고 상대적으로 고요한 몇 년이 지난 후, 드디어 사춘기가 되면 권력을 둘러싼 다툼은 새로운 국면에 접어듭니다. 사춘기 아이들은 부모가 까다롭게 군다고 생각하고, 부모는 아이들이 까다롭게 군다고 생각합니다. 이 팽팽한 대결은 부모와 아이 모두를 지치게 하지요.

학생과 교사는 파트너가 아니다

권력을 둘러싼 대결은 학교에서도 일어납니다. 학기 초, 처음에 교사가 어떻게 나가느냐에 따라 그해 반의 권력 관계가 결정됩니다. 교사는 처음부터 권력 구도를 분명히 하는 것이 좋습니다. 학생들은 원하는 것을 분명히 말하고, 갈등을 두려워하지 않고, 확고하게 지도력을 발휘하는 교사를 기대합니다. 동시에 학생들을 배려하고, 사랑하며, 이런 행동이 권위의 토대가 되는 교사를 기대합니다.

교사는 사랑만으로는 충분하지 않다는 사실을 알아야 합니다. 학생과 교사는 파트너 관계가 아닙니다. 교사가 의견과 목표를 분명하게 제시하고, 권력 관계를 명확히 하지 않으면 최악의 경우 그 교사는 일 년 내내 권위를 묵살당할 수 있습니다. 학생들은 교사가 약점을 보이는 순간, 이를 가차 없이 이용합니다. 그러고는 졸업한 지 수십 년이 지나도록 자기가 교사들을 어떻게 '끝장내 버렸는지' 떠벌리지요. 이것이 권력 싸움에서 패한 교사의 비참한 결말입니다.

한노 부덴브로크는 고개를 숙이고 앉아서 책상 아래에서 손가락을 만지작거렸다. 이제 B로 시작하는 이름을 부를 차례

였다. 그는 한 구절도 읽지 못할 것이고 망신을 당하게 될 것이다. 끔찍한 일이었다. 끔찍한 사건은 한 시간 뒤에 시작됐다. "부덴브로크!" 만텔작 선생님이 '부덴브로크'를 불렀다. 소리가 아직 공기 중에 남아 있었지만 한노는 믿지 않았다. 웅성거리는 소리가 들렸다. 한노는 그대로 앉아 있었다. 선생님이 다그쳤고 한노는 혼자서 중얼거렸다. '올 것이 왔어. 어차피 이렇게 될 거였어. 날벼락이 떨어지겠지?' 일어나서 시를 공부하는 것을 깜박했다며 궁색한 변명을 하려는 찰나 선생님이 책을 펼쳐 한노에게 들이댔다.

토마스 만은 소설 『부덴브로크가의 사람들』에서 명망 높은 인문계 학교의 오전 수업을 묘사합니다. 토마스 만은 교사와 학생들이 서로에게 인정받으려고 애쓰는 모습, 교사들이 권력을 행사하거나 권력 행사에 실패하는 모습, 학생들이 속임수를 쓰는 모습을 아주 생생하게 그립니다. 이런 체제에서 사랑과 배려는 보이지 않습니다. 이 소설은 사랑 없는 권위를 통해 교사와 학생간의 관계가 어떻게 일그러지는지를 탁월하게 묘사합니다.

역사적으로 볼 때 많은 교육자들은 자기 힘을 관철하기 위해 수단을 가리지 않았습니다. 아이들을 때리고 경멸하고 모욕을 주는 것은 합법적인 일이었습니다. 공개적으로 학생들을 낙인찍는 일들이 아무렇지 않게 일어났습니다. 마르틴 루터는 라틴어를 이해하면서 천천히 배운 게 아니라 '주입식으로', '강압적으로' 배웠다고 고백했습니다.

이런 상황에서 많은 이들은 계몽 사회의 마지막 업적인 체벌 금지를 열렬히 환영했습니다. 체벌은 독일에서는 1960년대에 금지되고, 영국에서는 1980년대에야 폐지되었습니다 (한국에서는 2010년에 폐지). 교환학생 제도를 통해 살렘학교와 교류했던 영국의 기숙학교에서는 1970년대 말까지 교장이 담배를 피우다 들킨 남학생들의 발바닥을 때리는 것이 관례였습니다.

체벌이나 굴욕감을 주는 수단은 시대를 막론하고 허용해서는 안 됩니다. 그러나 몰지각한 교사나 교육자들이 그런 수단을 악용할 수 있다고 해서, 교사의 권위까지 무너뜨리려고 하는 것은 어불성설입니다. 체벌을 하는 교사들은 권력만 행사할 뿐이지 권위를 행사하는 것이 아니기 때문입니다.

과거에는 권력 관계가 명확하게 정해져 있었습니다. 법적으로는 오늘날 역시 그렇습니다. 그러나 부모, 교사, 아이들의 생각은 많이 달라졌습니다. 68운동* 이후 세대들은 성인과 아동의 다른 점은 경험이 있고 없고의 차이일 뿐이라고 생각했습니다. 즉, 아동을 경험이 조금 부족할 뿐인 성숙한 인간으로 본 것이지요. 그래서 교육에서도 힘으로 관철하는 듯한 냄새를 풍기는 모든 방법은 그 그림자라도 피해야 했습니다. 권력의 차이를 떠올리게 하는 모든 개념은 배척당했고, 권위, 복종, 종속, 훈련이라는 개념의 가치 또한 평가절하되었습니다.

놀랍게도 보편적인 시민들까지 이런 생각을 받아들였습니다. 하지만 나는 자유로운 교육 방식에 그다지 열광하지 않았고, 반권위주의 운동과도 쉽사리 친해질 수 없었습니다. 그 운동이 인간 본성과 교육의 현실에 대해 어리석은 소리를 하고 다녔기 때문이지요. 그러나 아이들의 자기결정력을 믿어주자는 생각은 교육자들 사이에 만연해 있는 낭만주의에 불을 붙였습니다.

그 덕에 권위와 복종 같은 개념은 보수적인 시민들조차 홀대하게 되었습니다. 그 결과 오늘날 부모와 교사들은 결국 권

---

* 68운동 : 1968년 5월 파리에서 시작해 전 세계적으로 퍼져 나간 학생운동. 당시 대학생들은 구시대적 가치와 질서, 권위주의, 사회 모순, 자본주의의 폐해에 대해 저항의 목소리를 높였고 노동자들의 파업으로 이어지기도 했다. 베트남 전쟁, 권위주의, 관료주의, 물질주의, 인종차별, 남녀차별, 비인간화와 인간 소외에 대항하여 반전, 평등, 인권, 반권위주의, 민주주의, 자유로운 토론, 소수자의 권익 등을 옹호했다.

위를 숨기고, 아이들에게 복종을 요구하지 못합니다. 결국 아이들을 '훈련'하는 일은 자연스레 불가능한 일이 되었지요. 상황에 굴하지 않고 권위 있고 자신감 있게 행동하는 사람은 폭력적인 교육을 한다는 경계의 눈길을 받는 세상입니다. 이런 태도가 미치는 영향은 대단해서 가정, 학교, 교육 시설 곳곳에 침투해 있지요.

사랑하기 때문에 엄격해야 한다

그러나 정작 아이들은 권위에 목이 마릅니다. 아이들에게는 어른의 권위가 필요합니다. 아이들에게 나갈 방향을 보여주고 잣대가 되어 주는 권위, 모범이 되고, 목표를 제시하고, 경계를 그어 주는 동시에 경계를 뛰어넘도록 독려하는 권위가 필요합니다. 이런 권위와의 만남은 자립심을 길러 주고, 권위에 부딪히고 저항하는 과정은 견고한 인성을 기르는 첫걸음이 됩니다. 자기결정력을 갖고자 하는 사람은 먼저 복종을 배워야 합니다. 청소년기는 자기를 발견하고 자신을 찾아 나가는 변혁의 시기인데 이때 제대로 된 권위를 만나지 못하면 성숙은 그만큼 늦어집니다. 권위 있는 어른이 없다는 것은 아이들이 흔들리고 부딪히면서 깨닫고 성장할 수 있게 만드는 존재가 없다는 뜻입니다.

부모는 아이가 태어나면서 혹은 아이를 입양하면서 시작되는 권력 구도와 무거운 책임을 인식하고 받아들여야 합니다. 너무 일찌감치 아이와 파트너가 되어 이런 힘을 약화시켜서는 안 됩니다. 아이들에게는 사랑에 기반한 부모의 힘, 부모의 권위가 필요합니다. 부모가 그런 권위를 행사할 때, 교육은 성공할 수 있습니다.

프로이트는 갓난아기를 받아들이는 것이 야만의 습격을 당하는 것과 비슷하다고 했습니다. 아기한테는 문화도 없고, 통찰력도 없고, 규율도 없습니다. 아기를 키우려면 분명한 권위가 필요하고 복종을 요구할 준비가 되어 있어야 합니다. 부모의 힘과 권위에 대한 아기들의 유일한 방어 수단은 울음입니다. 불리할 때, 울음으로 자신의 요구를 표시하면 부모는 태연하게 반응해야 합니다. 그러나 울음이 아픔이나 두려움을 나타낸다면, 애정을 기울여야 합니다. 아이를 키워 본 부모는 아기의 울음이 무엇을 의미하는지 금방 알아챕니다.

아기가 작은 '전제군주'처럼 억지를 쓸 때, 사랑스러운 아기에게 지지 않고 일관성을 유지하려면 버티기 기술이 필요합니다. 그런데 요즘 부모들은 훈련과 사랑 사이의 외줄타기에서 너무 성급하게 사랑 쪽으로, 져 주는 쪽으로 결정해 버리는 경향이 있습니다. 여기서 우리가 놓치지 말아야 할 것은 아기를 사랑하기 때문에 엄격하게 양육할 수 있어야 한다는 것입니다. 무엇이 옳은지는 시간이 흐르면 자연스레 밝혀질 것입니다.

요즘 아이들은 믿음직스러워 보이는 권위만을 인정하려고 합니다. 교사로서 복종과 순종을 요구하려면 능력과 카리스마를 갖추고, 도덕적으로 흠이 없어야 합니다. 하지만 학생들은 인격적으로 부족한 교사에게도 복종해야 합니다. 이것은 교사들에게 교사직 자체가 부여하는 권위가 주어질 때, 그 권위로 인해 존경을 받고 존엄성을 확보할 수 있을 때 가능합니다. 교사는 교사로서의 권위를 수호해야 합니다. 학생들의 무례함을 허락해서는 안 됩니다. 학생이 빈정거리는 말투를 쓰면 그 일을 학교 지도부에서 공론화해야 합니다. 모든 교사는 존경받을 권리가 있습니다. 학교 시스템과 규율을 통해 그 권리를 못 박아야 합니다. 교사는 학교에서 자신감 있게 생활할 수 있어야 하고 모든 수업에 그렇게 임해야 합니다.

또한 우리는 아이들에게 연장자, 누구보다 부모의 권위를 존중하도록 요구해야 합니다. 십계명의 다섯 번째 계명인 "네 부모를 공경하라"는 계명에 구약시대만큼의 중요성을 부여해야 합니다. 오늘날 역시 구약시대처럼 부모뿐 아니라 연장자를 존경하는 마음이 흔들리고 있기 때문입니다.

권위 있는 사람은 존경과 존중을 기대합니다. 이와 더불어 복종도 기대합니다. 복종이라는 덕목은 자체로서의 덕이 아니라 다른 목적에 기여하는 덕입니다. 상위의 목적을 통해 그 가치를 얻게 되는 부차적인 덕이라는 뜻이지요. 정직과 정의 같은 주된 덕목은 그 자체로 가치를 갖지만, 복종은 그것이 어떤 사상이나 질서에 기여하느냐에 따라 가치가 정해집니다. 나치 치하에서 독일 민족은 인간을 경멸하는 사상에 일조했습니다. 복종 자체를 교육의 목표로 선언하면서 소크라테스, 예수 그리스도, 디트리히 본회퍼(독일의 혁명가이자 신학자)에 이르기까지 우리 문화의 권위자들이 세운 복종의 본질을 망가뜨렸습니다.

지난 40년간, 교육계는 복종의 중요성을 잃어버렸습니다. 그러나 군대나 구조대, 스포츠 분야는 예외입니다. 소방대원들이 리더의 명령에 복종하지 않으면 업무를 수행할 수 없기 때문이지요. 운동경기를 할 때도 마찬가지입니다. 선수들이 심판의 결정에 불만을 가지고 복종하지 않을 때 불미스러운 일이 생기곤 합니다.

복종은 축복이다

민주주의 국가에서 복종이 합법적으로 인정받는 영역들이 있습니다. 교육기관이 그렇습니다. 가정을 포함한 모든 곳에서 일어나는 교육은 권위에 대한 복종을 바탕으로 합니다. 권위 없는 교육은 교육이 아니라는 점에서 이미 반권위주의 교육 이념은 불합리한 것입니다. 가정에서 권위는 부모가 혼자 생존이 불가능한 아이를 자연스럽게 '보살피는 것'을 통해 만들어집니다. 모든 교육기관에서 젊은이들은 연장자에게 복종해야 합니다. 유년기와 부분적으로 청소년기에는 '말을 듣는 것'(복종하는 것)이 권위에 대한 적절한 응답입니다. 어른의 위엄에 합당한 반응이지요. 권위를 행사하는 사람은 위엄을 존중받을 권리가 있습니다.

최근 몇십 년간 복종이 당연하지 않고, 아이들이 납득이될 때만 복종하고자 했기에 부모와 교사의 위엄은 추락했습니다. 수십 년 동안 어른의 권위 아래에서 시달리는 아이들의 괴로움만 주목하다가, 이제야 권위와 위엄을 상실해 가고 있는 어른의 괴로움이 약간 동정 어린 관심을 받는 것 같습니다. 복종을 비인간적인 요구로 보는 것은 인간 본성에 대한 몰이해에서 비롯된 인식입니다.

아이들은 역사상 그 어느 때보다 억압과 횡포로부터 잘 보호받고 있습니다. 부모가 폭력을 쓰거나 교사가 '힘'을 오용하는 것은 사회가 관심을 보이고 적절히 개입하면 막을 수 있습니다. 그러나 그런 부분이 우려된다고 해서 아이들이 내킬 때만 복종하도록 내버려 두어서는 안 됩니다. 어른의 존엄성이 지켜지지 않으면 결국 손해를 보는 것은 아이들이기 때문입니다. 아이들에게는 인기를 얻으려고 안달하는 유약한 어른이 아니라 위엄 있는 부모, 본이 되는 교사가 필요합니다.

지금 우리 사회는 권력에 대한 선입견이 팽배합니다. 권력을 잘못 사용한 나쁜 예들을 많이 봐 왔기 때문이지요. 권력을 남용한 역사는 많은 아픔을 남겼습니다. 하지만 우리는 권력의 본질을 잊어서는 안 됩니다. 권력의 사전적 의미를 보면 남을 복종시키거나 지배할 수 있는 공인된 권리와 힘을 말합니다. 복종과 지배라는 단어가 눈살을 찌푸리게 할 수도 있지만, 진정한 권위가 만들어 내는 지배는 누군가를 억압하고 착취하는 게 아니라 합당한 리더십으로 누군가를 완벽하게 보호해 주는 것을 말합니다.

권위를 긍정적이고 축복된 것으로 인정하고, 권력을 남용한 역사의 아픔을 씻고 본질을 회복하려면 아직 갈 길이 멉니다. 모든 권위의 전제는 바로 권력이기에 권력의 본질을 오롯이 인정하는 것이 바로 권위와 훈육을 받아들이는 기본 전제가 될 것입니다. 가르침과 이론적인 지식만으로는 부족합니다. 민주적인 경험과 권력을 합법적으로 다루어 본 좋은 경험들이 모일 때, 권력의 본질을 진심으로 받아들일 수 있을 것입니다.

권위 없는 어른이
아이를 아프게 한다

1882년, 미국에서 두 살배기 여자
아이가 갑자기 눈과 귀가 멀었습니다. 부모는 불쌍한 딸을 위
해 달라는 건 다 해 주었지요. 그랬더니 딸은 응석받이에다
자기밖에 모르는 아이가 되어 갔습니다. 요구하고 졸라 대고
공격성을 드러내며 가족들을 몹시 힘들게 했습니다. 곤경에
처한 부모는 가정교사를 고용했습니다. 영리한 가정교사는 상
황을 재빨리 깨닫고는 자신과 아이 모두에게 젖 먹던 힘까지
요구하는 힘든 교육 과정을 시작했습니다. 그리고 이 소녀를
자신의 권위에 복종시키는 데 성공했습니다. 소녀의 창조적
인 재능을 일깨우려는 한 교사의 노력은 성공했고, 아이는 복

종을 통해 자신의 재능을 펼칠 수 있게 되었으며, 래드클리프 대학을 졸업하고 세계적으로 유명한 작가가 되었습니다. 바로 헬렌 켈러의 이야기입니다.

이런 용기 있는 실험이 성공한 것은 교육을 맡은 앤 설리번 메이시가 헬렌을 사랑하고, 그 사랑이 헬렌에게 포기와 복종을 요구하고, 때에 따라서는 강압적으로 몰아붙이도록 했기 때문입니다. 헬렌 켈러의 이야기에는 교육학적 진리, 즉 아이에 대한 사랑과 훈련의 변증법이 들어 있습니다. 헬렌 켈러의 이야기는 훈련을 하지 않는 것이 어떻게 한 아이의 인생을 망치고 정신적으로 병들게 할 수 있는지, 그리고 한 아이가 어떻게 훈련을 통해 자신의 길을 되찾을 수 있는지를 명확하게 보여 줍니다.

아이들은 여러 가지 이유에서 방치될 수 있습니다. 아이들이 사랑할 줄 모르고 노력하지 않는 '전형적인' 원인으로는 사랑과 애정의 부족, 무관심하면서 권위주의적이거나 알코올에 빠진 부모, 열악한 사회 환경 등이 있습니다. 그런데 유복한 환경이 독이 되어 그 환경을 제대로 이기지 못하는 아이들도 있습니다. 아무도 풍요의 유혹에 대항할 수 있도록 무장해 주지 않았기 때문입니다. 그 아이들은 부족함과 열악함이 주는 힘을 경험할 수가 없었던 것입니다.

지금 시대는 아이들을 제멋대로 자라게 내버려 두는 일들이 전염병처럼 번져 나가고 있습니다. 이렇게 자라면 인내심이 없고, 자기중심적인 사람이 될 가능성이 높습니다. 이런 아이들은 설리번 선생님이 없었던 헬렌 켈러처럼 사랑은 과하고, 훈련은 거의 경험하지 못하는 상태가 됩니다. 이런 아이들은 계속해서 감정적인 관심과 물질적인 애정을 기대합니다. 그리고 포기하는 것을 배우지 못합니다. 교육학자 볼프강 하르더에 따르면 그들은 "나, 모든 것, 곧장"이라는 모토에 따라 살아갑니다.

이런 아이들은 안정된 환경에서 자라고, 충분히 사랑해 주는 부모님도 있습니다. 그러나 경계를 그어 주거나 제약하는 사람이 없기 때문에 훈련과 명확한 지도의 효력을 경험하지 못합니다. 요즘 많은 부모들은 아이들의 앞길에 있는 모든 장애물을 치워 주고 늘 옆에 있어 줍니다. 교육자들이 일관성, 절제, 훈련, 포기를 가르치지 못하고, 때로 이를 거부함으로써 아이들은 훈련에 대한 요구를 맞닥뜨릴 때 생기는 갈등을 경험하지 못하고 성장합니다.

살렘학교 교장을 지내면서 자녀가 양질의 교육을 누리기를 기대하는 많은 외국인 부모들을 만났습니다. 그들은 살렘에서 자녀가 행복하게 지내기를 바랐습니다. 그리고 아이가 엄격한 시스템 때문에 힘들어 하더라도 감수해야 하는 일로 보았습니다. 독일 부모들도 물론 좋은 교육을 원합니다. 그러나 무엇보다 아이들이 즐겁게 지내는 것에 많은 비중을 둡니다. 엄격한 규칙은 자녀가 만족스럽게 지낸다는 조건을 전제로 받아들일 수 있다고 봅니다. 그리하여 아이가 조르면 신속하게 양보를 합니다. 훈련이 버거운 것 같으면 아이를 곧장 학교에서 빼 가기 일쑤입니다.

유머, 격려, 신뢰 그리고 엄격한 훈련

요즘 교육 일선에서 겪는 가장 힘든 일 중 하나는 자기중심적인 사고로 권리를 주장하는 학생들을 대하는 일입니다. 노력은 하지 않고, 재미있는 자극이나 받고 싶어 하고, 자기연민이 강하며, 그칠 줄 모르는 소비 욕구를 지닌 것이 요즘 아이들의 특징입니다.

대체 왜 그럴까요? 나는 우리 교육이 푸딩처럼 물렁하다는 것밖에는 납득할 만한 설명을 찾지 못했습니다. 훈련을 꺼리지 않는 능동적인 교육환경에서 배운다면, 아이들은 미래에 대한 기대 속에 더 만족스럽게 자랄 텐데 말입니다.

교육하기가 쉽지 않은 아이들을 교육하는 기관은 특별히

더 세심하면서도 엄격한 분위기를 유지해야 합니다. 공동생활에 관한 명확한 규칙이 있어야 하고, 의무적인 과제를 주어야 하고, 치유를 동반하는 훈련과 놀이가 있어야 하며, 모든 프로젝트와 활동에 의무적으로 참여하게 해야 합니다.

구소련의 명망 높은 교육학자인 안톤 마카렌코는 1917년 혁명 직후 수만 명의 부랑아와 미성년 범법자들을 대규모 시설에 수용해 사회주의적 인간으로 키워 내라는 당의 명령을 받습니다. 청소년들의 자기조절능력을 믿는 교육관이, 당시 한창 유행하던 사회주의 운동이 표방하던 인간상과 잘 맞았기 때문에 마카렌코는 뚝심 있게 이런 교육관을 밀고 나갔고, 문제 청소년들이 집단 안에서 스스로 자신의 삶을 조절할 수 있도록 했습니다. 그러나 결과는 참담했습니다. 그리고 그는 전통적인 교육법으로 돌아갔습니다. 에세이 『삶에 이르는 길』에서 마카렌코는 자유방임적 교육을 시도하다가 실패한 일들을 자세히 기록하고 있습니다.

사회주의 인간상은 70년대의 반권위주의 교육 운동에도 영감을 주어, 권위 없는 교육은 교육학계에 구원론처럼 설파되었습니다. 유치원과 대안학교에는 스스로 생각하고 결정하는 아이들을 만드는 교육론이 대세를 이뤘고, 어른들은 지도나 감독을 하지 않고 아이들이 스스로 길을 찾게 했습니다.

그러나 이 모든 이론은 낭만적 가정들 속에서 뒤엉켰고, 시들어 버렸습니다. 많은 아이들이 방향을 잃고, 학교를 졸업하지 못하고 실업자가 되거나 심지어 마약을 일삼았습니다. 이렇듯 반권위주의의 결과는 참담했습니다.

반권위주의를 표방한 학교들 중 성공한 학교들은 사실상 강한 리더십을 가진 인물이 이끌었던 학교들이었습니다. 영국의 서머힐 학교가 그 예입니다. 알렉산더 S. 닐이 설립하고 운영한 서머힐 학교는 위계질서, 강제, 처벌 없이 학생들이 민주주의적으로 스스로 알아서 결정하는 학교로 알려져 있습니다. 그런데 이 학교가 성공할 수 있었던 원인은 세간의 생각과는 약간 다릅니다. 세간에는 자유를 강조하고 학생들을 믿어 주는 학교로 알려져 있지만, 사실 그 바탕에는 닐 교장의 권위가 있었습니다. 교장이 굳건히 버티고 있어 아이들의 지지대가 되어 주었고 아이들을 옳은 곳으로 이끌었습니다. 하지만 서머힐은 지금 설립자의 이념을 그대로 이어가지 못하고 있습니다. 강력한 리더십을 장착한 제2의 닐이 나타나지 않았기 때문입니다.

반권위주의 교육의 설파자들은 아이들을 병들게 만드는 권위주의적 교육의 그늘에서 아이들을 해방시켜야 한다고 주장했습니다. 그러나 결국에는 작은 위험을 피하게 하려다가 큰 위험을 만나게 한 셈이 되었습니다. 반권위주의 교육의 여파로 교육이 제대로 이루어지지 않아 빚어진 새로운 정신적인 혼란은 아이들을 사랑하지 못하고 노력하지 않는 사람으로 만들어 버렸습니다.

청소년에게 나타나는 심리적 질병들은 많은 경우 훈련과 명확한 지도가 부족했던 결과입니다. 훈련을 받으면서 심리적인 문제가 해결되는 예를 많이 보았는데, 그중에 하나를 소개하겠습니다. 머리도 좋고 재능도 있는 열다섯 살짜리 소년이었는데, 이 아이는 정학 처분을 받을 위기에 놓여 있었습니다. 나는 그 아이에게 수업에도 들어오지 않고, 술도 마시고, 전체적으로 태도가 불성실해서 정학 처분을 내릴 수밖에 없는 상황이라고 이야기했습니다. 심리상담도 충분히 했고, 할 수 있는 건 다 해 보았습니다. 그런데 그날 그 학생이 후회가 되는 표정으로 힘없이 앉아 있는 걸 보며 아이디어가 떠올랐습니다. "일 년 동안 영국 남학생 기숙학교에 다닐 생각이 있다면, 그 일 년을 마치고 다시 살렘으로 돌아와도 좋다"고 했더니 그 아이는 바로 그렇게 하겠다고 했습니다.

그 아이가 영국에서 만난 학교는 위계질서가 매우 엄격했습니다. 복종은 당연시되었고, 교복 의무 착용은 물론이거니와 교칙을 어기면 합당한 벌을 받아야 했습니다. 어른과 학생 자치부의 권위는 하늘과 같았습니다. 여가활동에도 의무적으로 참여해야 했고, 하루를 여는 아침 경건회에도 기독교인이든, 유대교인이든, 무슬림이든, 무신론자든 모두 참여해야 했습니다. 누가 봐도 숨이 막힐 정도로 엄격한 학교였습니다.

그런데 놀랍게도 영국 기숙학교 프로젝트는 성공적이었습니다. 그 남학생은 술을 끊고 크로스컨트리 선수가 되었습니다. 아무리 얘기해도 하지 않았던 노력을 하기 시작했고, 새로 배운 스포츠에 열광했습니다. 간단히 말해 불성실한 소년에서 자신을 신뢰하고 유혹에 굴하지 않는 멋진 젊은이가 되었습니다. 그리고 일 년 후 살렘으로 돌아왔고 학교생활을 잘 마무리한 후 대입시험을 치렀습니다.

이 아이가 이렇게 바뀔 수 있었던 것은 단언컨대 영국 기숙학교의 교육 방식 덕분입니다. 유머, 격려, 신뢰와 더불어 엄격한 훈련을 시키는 것이 그 학교의 방식입니다. 그리고 학생과 교사들은 모두 이런 교육 방식이 옳다고 생각하고 그 방식에 동의하고 따르고 있었습니다. 그래서 살렘에서는 자제력이 부족하고, 심리치료가 좋을지, 엄격한 환경에 있게 하는 게 좋을지 고민하게 하는 학생들을 영국 기숙학교로 보내고 있습니다.

심리학은 도구일 뿐이다

전후 시대 독일에서는 필자가 '교육의 위험한 심리학화 (化)'라고 부르는 현상이 나타나기 시작했습니다. 아이가 초등학교에서 학업을 따라가지 못하면 많은 부모들이 패닉 상태가 됩니다. 내가 알고 지내던 부모도 비슷했는데 그 부모는 많은 이들이 흔히 하는 것처럼 심리 상담을 시작했고, 심리테스트를 받게 했습니다. 아이가 김나지움(독일의 인문계 중고등학교)에 진학하면 학업을 따라가기 힘들 거라는 결과가 나오자, 부모는 김나지움 진학을 포기하려고 했습니다. 아이가 받을 스트레스가 두려웠기 때문이지요.

이때 문제 해결자로 나선 건 그 아이의 초등학교 담임 교사였습니다. 교사는 아이가 김나지움에 진학해도 무리가 없다고 생각했습니다. 그래서 아이를 자신에게 전적으로 맡겨 줄 것을 부탁했습니다. 교사는 부모가 시키지 못했던 엄격한 훈련에 돌입했고, 아이는 그대로 따랐습니다. 선생님이 자신을 위해서 하는 일이라고 느꼈기 때문입니다.

그 교사는 심리학에서 비롯된 이해와 배려를 포기하는 대신, 아이의 가능성을 믿어 주고 과제나 시험에서 좋은 성과를 낼 수 있도록 훈련했습니다. 아이는 무난히 김나지움에 들어가 잘 적응했습니다. 그 교사는 아이에게 훈련의 시간이 필요하다는 사실을 알았던 것입니다. 그 아이는 나중에 대입시험에서 누구도 예상하지 못한 좋은 점수를 받았습니다.

이 예는 심리학에 대한 과도한 믿음이 어떤 결과를 낳는지 여실히 보여 줍니다. 부모는 담임교사처럼 아이가 발달이 좀 늦을 뿐이라는 사실을 믿어야 했고, 아이가 성장하기에 좋은 조건을 만들어 주었어야 합니다. 그런데 그 대신 조급한 마음에 심리학에서 답을 찾으려 했습니다.

아이가 특별한 행동을 하면 많은 부모와 교사는 아이에게 너무 많은 자유를 주거나 과잉보호를 한 것은 아닌지, 또는 부모가 소심하거나 버릇없게 길러서 아이가 방향을 잃은 것은 아닌지 제대로 생각해 보지도 않은 채, 성급하게 정신과를 찾거나 상담사를 찾아갑니다.

심리학은 20세기 초에 권위주의적 교육의 폐해를 각성하는 차원에서 많은 신뢰를 얻었습니다. 그러나 오늘날은 그때와 상황이 많이 다릅니다. 지금은 권위주의적 교육의 폐해보다는 교육이 제대로 이뤄지지 않은 것으로 인한 심리적 결과를 걱정해야 할 때입니다. 물론 심리 치료가 필요한 아이들도 있습니다. 그러나 부모와 교사는 정말로 심리 상담이 필요한지 잘 판단해야 합니다. 할 수 있는 모든 교육적 조처들을 다

해 본 다음, 그래도 답을 얻지 못할 때 심리학의 도움을 받는 것이 순서입니다.

최근 몇십 년간, 교육이 제대로 이루어지지 않아서 생겨난 결과들을 심리학으로 만회해 보려는 경향이 커졌습니다. 교육자들이 훈련과 사랑의 균형 잡기에서 사랑 쪽으로 기울었을 때 심리학의 시대가 열렸습니다. 교육의 심리학화는 교육의 인본주의화와 맥을 같이했습니다. 노력 부족, 공격적인 태도, 집중력 장애는 다양한 심리학파가 만들어 낸 심리 모델을 통해 설명되었습니다. 더 이상 아이의 행동을 도덕적으로 해석할 필요가 없게 되었습니다. 주의가 산만한 아이는 주의력결핍과잉행동장애(ADHD)라는 심리적 진단을 받았고, 공부를 거부하는 아이는 발견되지 않은 천재성이 있는 것으로, 다른 아이를 놀리는 것은 나약한 자아나 유년기의 애정 결핍에서 오는 현상으로 결론이 났으니까요.

우리는 도덕적 주체로서의 아이들에게 주목해야 하며, 그들의 행동을 너무 성급하게 심리학적으로 설명하고 면죄부를 주어서는 안 됩니다. 또한 앞에서도 말했듯이 풍요롭고 소비주의에 물들기 쉬운 시대에, 우리는 아이들이 소비주의의 압박에 저항할 수 있도록 도와야 합니다.

우리는 1970년대와 80년대에 살렘에서 대마초를 피우는 학생들의 행동을 심리학적으로 해석하고 심리학자들을 투입해 대화하고 상담을 받게 했습니다. 그러나 결과적으로 전혀 변화가 일어나지 않았습니다. 소변검사 결과 양성반응을 보이는 경우 반드시 퇴학에 처하기로 하는 조치를 도입하고 나서야 대마초를 피우는 아이들이 사라졌습니다. 심리학적 정신구조를 거스르는 조처가 오히려 아이들에게 도움이 되었던 것입니다. '대마초는 곧 퇴학이다'라는 명확한 원칙이 주는 효과는 놀라웠습니다. 99퍼센트의 청소년들이 대마초를 끊었습니다. 우리는 청소년들에게 이런 도움을 아껴서는 안 됩니다. 이는 음주운전 단속이나 과속 단속과 다르지 않습니다.

심리학은 교육 과정을 수월하게 해 줄 수 있습니다. 심리학이 교육자들의 손에 쥐어 준 연장으로 아이들의 행동을 더 잘 이해할 수 있게 되었지요. 잘못된 행동을 하는 원인을 더 잘 해석할 수 있었고, 벌 대신 더 다양한 조치를 취할 수 있게 해 주었습니다. 부모와 교사가 심리학을 아이의 행동을 해석하는 데 팁으로 활용하는 한 심리학은 유용했습니다.

그러나 심리학이 교육의 중심이 되어 버리자 문제가 생기기 시작했습니다. 어떤 결정을 할 때 교육자로서의 직관과 가치판단이 아닌 심리학적 해석에 의존하게 되었기 때문입니다. 심리학적 진단과 치료가 입증된 교육의 실제를 몰아내 버렸습니다. 많은 학교들이 심리학자들을 고용해 일반적인 교육 방법으로 발전하지 않는 아이들을 맡기기 시작했고, 한동안 심리학의 효과에 대한 믿음이 달아올랐습니다. 심리학이 교육에 있어 보조 역할에 머물러야 한다는 사실을 간과한 것입니다.

이제 우리는 서서히 아이들을 도덕적으로 단련하고, 무조건 면죄부를 주지 않는 교육으로 돌아가야 합니다. 명확한 지도, 배려 있는 일관성, 훈련만 제대로 이뤄진다면 사실 심리학은 필요가 없습니다. 영국 기숙학교에서는 심리적 문제를 다루지 않는다고 하는데 물론 우리는 거기까지 가지는 말아야 할 것입니다. 아이들이 정말로 심리적으로 병들어 있는 상황이라면 심리 치료와 신경정신과 의사의 도움을 받아야 합니다. 그리고 부모와 교사는 아이가 언제 심리 치료를 받아야 할지 판단을 내릴 수 있어야 합니다.

훈련은 치유하는 힘이 있다

좋은 훈련은 심리 치료에 버금가는 치유력을 발휘합니다. 세심하면서도 엄격한 지도 하에 청소년들을 프로젝트에 참여시켜 멋진 일을 해냈던 예가 있습니다. 베를린 필하모닉 오케

스트라의 상임지휘자 사이먼 래틀과 안무가 로이스턴 말둠은 소외된 학생 250명을 데리고 스트라빈스키의 발레 곡 '봄의 제전'을 익히게 하고, 그 과정을 다큐멘터리 영화 〈Rhythm Is It〉에 담아냈습니다.

다큐멘터리에서 말둠이 가장 많이 언급하는 단어가 바로 '훈련'입니다. 훈련은 아이들이 자신 안에 있는 창조적인 능력을 믿기 위해 반드시 필요한 전제조건입니다. 다큐멘터리는 안무가의 엄격한 훈련과 사랑 어린 관심이 어우러질 때 어떤 일이 일어나는지를 보여 줍니다. 아이들의 가능성을 믿어 주는 안무가의 모습이 보는 이의 가슴을 뭉클하게 합니다. 다큐멘터리는 아이들을 믿어 주고, 적극적으로 이끌어 주고, 아이들이 공동체 안에서 서로 소통할 때 이 아이들이 얼마만큼 아름다운 열매를 맺을 수 있는지를 분명하게 보여 줍니다. 모든 부모와 교사들이 다큐멘터리를 보면서 아이들에게 감정을 읽어 주는 것만이 아닌 훈련받을 권리가 있다는 사실을 깨달을 수 있다면 좋겠습니다.

2부

○

감정만 읽어 주는 것으로는
충분하지 않다

부모와 교사는 적극적으로 이끌어 주는 것과
스스로 자랄 수 있도록 기다리는 것
사이에서 균형을 잡아야 합니다.
원칙과 관용 사이에서, 훈련과 사랑 사이에서,
일관성과 배려 사이에서, 통제와 신뢰 사이에서
균형을 잡아야 합니다.

아이와 모든 일을
토론할 필요는 없다

　　　　　　　　몇 년 전에 영국 기숙학교에서 교사로
근무하던 분이 한동안 휴직을 하다가 살렘에 온 적이 있습니
다. 살렘에 온 지 3개월이 지나자 살렘에서의 생활이 그리 만
족스럽지 않다고 고백하더군요. 한마디로 살렘 아이들은 영
국 기숙학교 아이들과 너무 달라서 하루에도 몇 번씩 스트레
스를 받는다는 것이었습니다.

　예를 들어 학생들에게 방을 치우라거나 쓰레기통을 비우
라고 하면 영국 학생들은 바로 "네, 알겠습니다"라고 하는데,
살렘 학생들은 "좀 이따가 할게요"라고 한다는 겁니다. 이따
가 하겠다는 말이 교사를 안심시키고 시간을 벌려는 행동에

불과하다는 걸 깨닫는 데는 그리 오랜 시간이 걸리지 않았습니다. 아이들 대부분이 그래 놓고는 아무것도 하지 않았기 때문입니다. 또한 많은 학생들이 핑계를 댔는데 그럴 때 하는 말이 "지금 하려고 했는데"였습니다. 어떤 때는 다른 일이 급하니 그것부터 하고 하겠다고 핑계를 댔습니다. 교사가 당장 하라고 하면 그때부터 결론이 나지 않는 긴 토론이 시작됐습니다. 사실 토론이라기보다는 헛수고에 가까웠습니다. 학생과 교사가 자신의 입장만 내세우며 누가 더 인내심이 강한지 시험할 뿐이었으니까요.

영국의 교사가 살렘에서 경험한 일들은 독일 가정과 학교에서 매일 벌어지는 일입니다. 그런 토론은 어른들과 아이들의 시간과 에너지를 잡아먹고 애만 쓰다 결론 없이 끝날 때가 허다합니다.

얼마 전에 기차 안에서 옆자리에 탄 엄마와 다섯 살짜리 아들이 말씨름을 하는 장면을 본 적이 있습니다. 아들은 버릇없이 굴었고 시끄럽게 이것저것을 요구하며 자신을 진정시키려는 엄마의 말을 완전히 무시했습니다. 나는 십 년 뒤에 그 모자가 아들이 언제 방을 치우고, 강아지를 산책시키고, 집안일을 도와야 하는지에 대해 토론하는 모습이 떠올랐습니다. 내가 만약 결혼을 앞둔 사람이었더라면 그런 모습을 보며 내가 과연 아이를 잘 기를 수 있을까 심각한 고민에 빠졌을 것입니다.

나는 전후 시대에 어린 시절을 보냈습니다. 어머니가 부탁하거나 명령한 일에 내가 "왜요?"라고 대꾸하면 "잔말 말고!"라는 말이 돌아왔습니다. 거기에 한 마디 더 대꾸했다가는 "버릇없이 굴지 마!"라는 말을 듣기 십상이었지요. 어머니의 반응은 사실 매우 비합리적이었습니다. 어머니는 단어를 선택할 때부터 자신의 지시에 이유를 달 의사가 없음을 분명히 했습니다. 자녀가 다섯이었으니, 자녀들 말에 일일이 대꾸해 주다가는 하루도 편할 날이 없었을 것입니다. 하지만 어머니는 엄격한 동시에 자녀들을 사랑했습니다. 중요한 문제에 관해서는 시간을 내 우리와 오랫동안 대화를 했습니다. 그러나 방을 정리하거나 예의에 관한 문제에서는 어떤 대꾸도, 토론도 허락하지 않았습니다. 참 올바른 방법이었다고 생각합니다. 당시에는 일상의 소소한 의무들을 가지고 옥신각신할 필요가 없었습니다. 그리고 그런 토론은 지금도 필요 없습니다.

1968년 이후 권위적인 교육에 대한 반작용으로 시시콜콜한 부분까지 교육을 민주화하려는 일들이 이어졌습니다. 그리고 지금 대화, 약속, 합의, 토론이 교육의 토대를 이루고 있습니다. 부모와 교사는 아이들의 파트너를 자처했고, 동등한 위치에서 토론이 이뤄졌습니다. 무엇보다 70년대에 들어 자녀는 부모를 어머니 혹은 아버지로 부르기보다는 이름을 부르기 시작했고, 몇몇 학교에서는 학생이 교사의 이름을 불렀습니다.

그리고 결국 우리는 좋든 싫든 어느 정도 그런 문화의 영향 하에 있게 되었습니다. 그리하여 우리는 아이들을 존중하고, 억압하거나 무시하지 않으며, 아이들에게 좋은 환경을 만들어 주는 데 최선의 노력을 기울이고 있습니다. 또한 집이나 학교에서 아주 작은 규칙에 이르기까지 그들의 요구를 들어주고 있습니다. 질서, 근면, 정확성, 예의 바른 태도 같은 부차적 덕목들은 더 이상 당연한 것이 아니게 되었습니다. 결국 훈련과 복종에 대한 요구는 비민주적이고 비인간적인 것이 되었지요.

아이들의 삶은 어른의 삶보다 더 급진적으로 민주화되었습니다. 어른들의 경우 직장에서 납득이 가든 안 가든, 순응해야 합니다. 어느 일터에서 말단 직원이 대표나 상사가 일방적으로 지시를 내렸다고 해서 입씨름을 하겠습니까? 출퇴근 시간을 지켜야 하고, 지각이 잦은 사람은 대가를 치르기도 합니다. 회사에서 정한 규칙은 지켜야 하고, 이런 규칙들이 합리적인지에 대한 토론은 거의 이루어지지 않습니다.

살렘학교 학생들은 고학년이 되면 최소 3주 코스로 직업 실습 과정을 밟습니다. 이 과정에서 학생들이 경험하는 것은 회사와 학교의 차이입니다. 회사에는 명확한 규율이 있고 이에 대해 전혀 토를 달 수 없는 분위기더라는 것입니다. 실습생이 두 번 지각하면, 단번에 잘리기도 합니다. 핑계가 통하지 않지요. 그런 시간은 경험을 통한 배움이 이론적인 배움보다 한 수 위라는 사실을 증명해 줍니다.

하지만 실습을 마친 학생들이 학교로 돌아오면 몇 주 되지 않아 다시 토론 문화에 익숙해집니다. 시험을 미루려고 교사들과 토론을 벌이고, 숙제가 너무 많다느니 너무 어렵다느니 하면서 불평을 하고, 날씨가 좋을 때는 야외 수업을 하자고 졸라 대지요. 성적을 협상하고, 자기들 눈에 교사가 부당한 행동이라도 하면 앞뒤 따지지 않고 비난부터 하고 봅니다. 토론, 토론, 토론이 끊이지 않습니다. 토론이 교육의 자리를 꿰차고 앉은 지 오래입니다.

만일 모든 것을 계속 다시 협상하고 정의를 내려야 한다면 민주주의는 왜곡되고 맙니다. 규칙이나 기준을 개선하려고 반복해서 협상과 토론을 벌인다면 그런 규칙은 규칙이 아닌 겁니다. 아이들이 토론을 원하는 것은 대부분 방을 치우고 싶

지 않거나, 이를 닦고 싶지 않거나, 집안일을 돕고 싶지 않아
서입니다. 우리는 아이들이 규칙을 지키지 않는 것에 대해 별
다른 제재를 가하지 않으면서 이기심의 싹을 키우고, 아이들
이 계속 권리를 요구하게 하면서 이기적인 행동을 부추겨 왔
습니다.

학생자치위원회는 민주적인가

학생자치위원회의 예는 민주주의라는 제도가 미성숙한 아
이들에게 얼마나 큰 부작용을 낳을 수 있는지를 잘 보여 줍니
다. 사실 살렘학교에서 학생자치위원회는 아이들의 정치 소양
을 기르는 토대입니다. '교사와 학생으로 이루어진 공동체' 안
에서 공동의 협의가 이루어지는데, 이것이 다름 아닌 정치입
니다.

살렘에서는 열다섯 명에서 스무 명이 한 그룹으로 생활하
는데 각 그룹은 선배 한 사람을 뽑고, 이 선배는 교사와 함께
그룹을 돌봅니다. 이들을 헬퍼라고 부르는데 교사는 이들에
게 되도록 많은 책임을 맡깁니다. 헬퍼는 담당교사들과 함께
작은 의회를 구성해 공동체의 모든 사안에 대해 논의하고 결
정하는데, 여기서 협의된 사항에 대해서는 교장만이 거부권

을 행사할 수 있습니다. 또한 학생자치위원회의 수뇌부는 아이들이 직접 뽑은 학생 대표 둘로 구성되는데, 이들은 기숙학교에서 대단한 인기를 누립니다.

예전에 살렘학교에서는 교장이 학생 대표와 헬퍼를 임명했습니다. 다분히 군주적인 의사결정이었지요. 그러다가 1970년대부터 학생들이 직접 선거를 해서 뽑고 있습니다. 교사들은 이렇게 제도를 바꾸면 학생들이 더 민주적인 사고를 할 수 있을 거라고 기대했습니다. 위에서 독단적으로 대표를 임명하는 것은 구시대적인 제도이며, 자치위원회를 학생들이 직접 선출하는 것이 민주적이고 시대정신에 맞는 것이라고 생각한 것이지요.

그런데 권한을 결정하는 이 두 가지 방법은 서로 다른 결과를 낳았습니다. 교장이 임명한 학생들은 스스로를 학교 대표로 생각하고 학교의 규칙과 지시와 규율을 실행하는 것을 자신들의 의무로 보는 반면, 선거로 당선된 임원들은 자신들을 찍어 준 학생들의 관심사를 대변하는 것을 의무로 여겼습니다.

'구체제'의 헬퍼들은 학생들이 아침에 기상하면 침대를 정리하고, 정시에 잠자리에 들고, 술, 담배를 하지 않도록 통제했습니다. 자신들의 자리가 통제의 대상들, 즉 학생들이 위임

한 자리가 아니었기 때문입니다. 반면 선거로 당선된 학생들은 잠자리에 드는 시간부터 술 마시는 문제에 이르기까지 각종 규율을 느슨하게 하며 학생들을 위해 더 많은 자유와 권리를 확보해 내는 것을 그들의 할 일로 여겼습니다. 권리를 늘리면 의무사항도 같이 늘려야 한다고 보는 학생은 거의 없습니다. 기존의 규율을 지키기 위해 의무와 제한, 더 엄격한 조처를 받아들이고 지키는 학생은 매우 드뭅니다.

그래서 이런저런 분야에서 더 많은 훈련을 요구하고자 했을 때 나는 학생 대표나 헬퍼들이 지지하리라는 기대는 애초에 하지 않았습니다. 이런 형태의 학생자치위원회는 대부분 이기주의와 흥미를 우선시합니다. 학생들은 민주주의를 자신들의 권리와 이익과 자유와 편의를 관철하는 기술로 활용합니다. "미국이 너를 위해 무엇을 해 줄 수 있는지 묻지 말고, 네가 미국을 위해 무엇을 할 수 있는지를 물으라"는 전 미국 대통령 케네디의 말은 어려서부터 자신의 관심사만을 좇는 것을 학습해 온 아이들에게는 참으로 낯선 말입니다. 민주적이라고 자부하는 학생자치위원회 임원들은 아이들의 요구를 들어 주려고 온갖 노력을 다합니다.

학생자치위원회에는 서로 다른 의견을 대변하고 서로 견제하여 이해관계를 조율하는 반대 세력이 없습니다. 학생자치위원회에는 여당만 있고 이 당은 학생들의 생각만을 대변하는 정당입니다. 아직 어린 학생들이 성숙하지 않다는 것은 누구나 인정하는 부분이고 그렇기 때문에 그들의 관심사가 흥미 위주로 빠지는 것은 당연합니다.

그리하여 학생자치위원회는 건설적인 생각과 계획이 아닌 재미를 원하는 학생들의 요구를 만족시키고자 합니다. 당선된 학생 임원들은 축제를 꾸려야 합니다. 기본적으로 재미를 우선시하고 흥청거리는 축제입니다. 대입시험을 치른 후 며칠 간 여행을 떠나는 행사 역시 학생자치위원회가 주관합니다. 학생자치위원회에 대한 평가는 행사를 얼마나 재미있게 진행했는지로 판가름됩니다.

그러나 진정한 학생자치위원회는 학생 대표와 헬퍼들이 신뢰와 통제 사이에서 균형을 잘 잡을 때 성공합니다. 그들은 용기를 내어 학생들을 통제하고, 의무를 수행할 것을 요구해야 합니다. 그런데 그러려면 규칙을 위반한 동급생들을 찾아낼 준비가 되어 있어야 하는데, 이런 일은 독일에서는 고자질처럼 여겨집니다. 반면 영국에서는 반장이 규칙을 위반하는 동급생들을 지적하고, 찾아내기도 합니다. 예전에 살렘에서 학생 대표가 대마초를 학교에 반입한 다섯 학생을 찾아낸 적이 있습니다. 다섯 모두 퇴학당했습니다. 그 학생 대표는 공동체를 보호해야 한다는 생각이 강한 학생이었습니다. 그 후로는 그런 학생을 본 적이 없습니다.

민주주의가 정착한 지 오래된 프랑스, 영국, 미국 등에서는 오히려 학교에서 선거로 학생자치위원회를 구성하려고 하지 않습니다. 독일의 민주주의는 아직 얼마 되지 않았고 굳건하지 않기 때문에 우리는 많은 시행착오를 겪고 있습니다. 우리는 학생들에게 일찌감치 자유를 허락하면 아이들이 자유를 얻을 거라는 순진한 생각에 굴복해 왔습니다. 그러나 자유는 지난한 자기극복의 시간 뒤에 따르는 열매요, 훈련이 극기로 바뀌는 힘든 과정 끝에 누리는 열매입니다. 자유는 누군가가 허락한다고 누릴 수 있는 것이 아닙니다.

교육의 섣부른 민주화를 경계하라

40년이 지난 지금 우리는 교육에 접목한 민주주의가 실패했음을 시인해야 합니다. 나 역시 오랫동안 학생들에게 자유를 줌으로써 민주주의를 가르칠 수 있다고 믿었습니다. 그러나 어느 순간부터 살렘 같은 기숙학교는 민주적인 학생자치회로는 더 이상 운영이 불가능하다는 판단에 이르렀습니다.

영국의 기숙학교는 살렘과 다르게 운영되고 있습니다. 영국 기숙학교는 공동체 정신이 훨씬 더 강하고 이기주의나 개인주의를 구조적으로 인정하지 않습니다. 교육은 이기주의로 흐르는 인간 본성을 거슬러 가다듬을 때만이 성공할 수 있습니다. 하지만 안타깝게도 지금 독일의 교육 시스템은 그렇게 하고 있지 않습니다.

미국의 기숙학교에 다니게 된 독일 아이들은 미국 학생들이 규율에 복종하는 모습을 보고 무척 놀랍니다. 정해진 시간 이후에는 기숙사 문이 닫히고, 술과 담배가 엄격히 규제됩니다. 학업량이 많고, 명시되거나 암묵적으로 제시된 규율을 반드시 지켜야 합니다. 하지만 학교의 분위기는 예상과 달리 밝고 여유롭습니다. 권위 있는 교육을 받은 학생들은 위축되는 게 아니라 자신감이 넘치고, 자발적으로 참여하고, 독일 학생들보다 더 열심히 공동의 이익을 위해 애를 씁니다.

또 한 가지, 영국 기숙학교 학생 임원들에게는 여러 가지 특권이 있는데, 식사 때 줄을 설 필요가 없고 그들만 쓰는 공간도 주어집니다. 학교 본관을 자유롭게 출입할 수도 있습니다. 그런데 학생 임원이 후배가 흡연하는 걸 보고도 눈감아 주면 그는 모든 직책과 특권을 잃게 됩니다.

직책에 특권이 주어진다는 사실은 독일인들이 생각하는 민주주의에 어긋납니다. 영국인들은 실용성을 중시하고, 독일인들은 이상을 중시하기 때문입니다. 나는 영국의 제도에 지지를 보냅니다. 이 제도가 위계질서를 세우는 데 도움을 주고 수고를 감당하는 학생들에게는 약간의 보상이 되기 때문입니다. 오늘날 영국 기숙학교는 학생들을 억압한다는 비난을 받지 않습니다. 오히려 아이들이 다시 어른을 존경하게 되고, 이런 일들이 학교의 엄격한 제도에서 비롯되었다는 사실에 많은 이들이 공감하고 있습니다.

지난 몇십 년간 내 경험에 비추어 볼 때, 가정에서도 사소한 일과와 예의, 의무에 대해 일일이 토론하는 일을 단호하게 멈춰야 할 것입니다. 교육의 잘못된 민주화는 아이들만 힘들게 할 뿐입니다. 우리는 아직 내적 성숙에 이르지 못한 아이들에게 민주적인 사고와 행동을 요구하는 실수를 하고 있습니다.

민주주의는 높은 수준의 훈련을 바탕으로 하고, 아이들은 서서히 이것을 습득하고 배워 나가는 중입니다. 어린 친구들이 스스로 자신과 공동체를 위해 올바른 것이 무엇인지를 깨닫고 그것들을 실행하기를 기대하는 것은 이상적인 계획일 뿐입니다. 용기를 타고나는 사람들은 드뭅니다. 자유 또한 마찬가지입니다. 이것들은 다른 모든 덕목과 마찬가지로 힘든 성장 과정을 지나면서 얻는 것입니다. 어른들은 이를 위해 아이들에게 적절한 환경과 조건을 마련해 주어야 합니다.

우리에게는 본보기가 되는 교육자들이 부족합니다. 요즘 부모와 교사 세대는 자유로운 양육방식을 지나치게 동경합니다. 그러다 보니 지도와 권위와 훈련의 냄새가 나는 것은 거부하고 미심쩍어합니다.

이제 교육 방식의 전환이 필요합니다. 아이들에 대한 이상주의에서 벗어나 실용주의로 나가야 합니다. 이를 위해서는 아이들을 더 적극적이고 열정적으로 이끌어 줄 용기가 있는 가정과 학교가 생겨나야 하고 이는 교육의 새로운 대안이 될 것입니다.

왜 무질서한
아이로 키우는가?

           수년 전에 살렘학교 근처에서 비행기 두 대가 충돌해 추락한 사건이 있었습니다. 수많은 이들이 세상을 떠났고, 학생들과 지역 주민들은 슬픔에 빠졌습니다. 이런 슬픔 속에서 사람들은 애도하고 평안을 얻을 수 있기를 바랐고, 많은 이들이 교회와 성당을 찾았습니다.

    살렘에서는 누군가 세상을 떠나면 예배당에 모였고 예배, 바흐의 음악을 통해 위로를 받았습니다. 그런 의식은 신앙인이든 비신앙인이든 간에 죽음과 대면한 사람들에게 지지대가 되어 주었습니다. 슬픔을 당한 사람들은 어떠한 형식과 질서를 추구하고, 그 안에서 보호받기를 원합니다. 우리에게는 객

관적으로는 별것 아닌 것처럼 보이지만, 주관적으로는 너무나 힘든 고통 가운데 있을 때 발을 디디고 일어설 수 있는 버팀목이 필요합니다. 그것이 형식과 질서인 것이지요.

질서는 생활의 기본을 이루며 아이들이 자라는 토대가 됩니다. 가정에서 이뤄지는 질서, 의식(ritual), 정해진 일과, 보호와 안전을 주는 집, 부모의 정돈하는 손길, 가치, 덕목, 예의…. 이런 질서를 내면으로 습득하면서 양심이 단련되고, 예의도 발라지고, 삶에 안정감이 생깁니다.

아이들은 일찍부터 감정과 소망과 인간관계와 시간과 행복과 걱정에 '질서를 부여하는 방법'을 배워야 합니다. 즉, 삶을 정돈하는 방법을 배워야 합니다. 부모와 형제자매들을 보면서 배울 수도 있지만 그것만으로는 충분하지 않습니다. 부모는 외부적인 환경에 질서를 세워 주어, 아이들이 연습을 통해 이를 배우고 언젠가 자신의 삶에서 스스로 자연스럽게 질서를 세울 수 있도록 도와야 합니다. 이 세상에는 외적 질서가 내적 질서로 이른다는, 좀 더 적확하게 말하면 내적 질서는 외적 질서 없이는 세워지지 않는다는 평범한 진리가 적용되기 때문입니다.

외적 질서를 연습하다 보면 정신적인 면에서도 훈련이 됩니다. 흘러가는 시간을 쪼개 쓰는 것은 쉬운 일이 아닙니다.

그렇기 때문에 규칙적인 하루의 리듬을 만들어 준다면 아이들은 훗날 스스로 시간에 질서를 부여할 줄 알게 됩니다.

또한 외부의 고요함은 내면의 고요를 만들어 냅니다. 우리 학교 저학년들의 식사 시간은 오랫동안 시끄럽고 산만했습니다. 아이들이 조용히 식사에만 집중할 수 있는 방법을 찾아 시도해 봤지만 별 소용이 없었지요. 그러다 어느 날 몇몇 선생님들이 식사가 시작되면 종을 쳐서 조용히 하라는 표시를 하자고 의견을 모았습니다. 놀랍게도 이런 간단한 조치에 아이들은 조용해졌고, 식사하는 데만 집중했습니다. 이 일을 보고 우리는 외적인 조치가 얼마나 간단하게 문제를 해결해 주는지에 탄복하며 무릎을 쳤습니다. 그렇게 잔소리를 해도 해결이 안 되던 문제가 단번에 해결된 것입니다.

20년 전 우리는 학생들이 축제, 졸업식 같은 행사에 입을 수 있도록 교복을 도입했습니다. 지금은 입시 준비를 하는 학생들을 제외한 모든 학생이 매일 교복을 입고 있습니다. 이런 형식과 외부적인 질서는 단결심을 강화하고, 학생들이 행실을 조심하도록 도와줍니다. 교복을 입는다는 외적인 행위가 공동체 의식을 불러일으키는 것입니다.

삶의 모든 부분에서 질서를 가르쳐라

낯선 사람을 대하는 일은 아이들에게 쉽지 않습니다. 부모는 이 부분에서도 순서를 가르쳐야 합니다. 우선 오른손을 내밀어 악수를 하고(한국의 경우에는 고개를 숙여), '안녕하세요'라고 말해라. 이때 손을 호주머니에 넣고 있어서는 안 된다. 그리고 네 이름을 이야기해라.

내가 어렸을 때는 늘 공손하게 인사를 하라고 배웠습니다. 그 당시에는 잔소리처럼 들렸지만, 사실상 아이들은 예의와 격식을 배우면서 두려움과 불안을 극복할 수 있게 됩니다. 사회적으로 합의된 격식과 예법을 잘 익혀 놓으면 사회에 나가서도 도움이 됩니다. 예의범절이 '자연스럽게' 몸에 익은 사람은 어려운 모임에 참석하거나 면접을 볼 때도 긴장하지 않고 자신감이 있습니다.

부모와 남매와의 관계에도 질서, 즉 격식이 필요합니다. 고마움을 표현하기, 생일과 크리스마스에 선물하기, 배려하기, 잘못했을 때 사과하기 같은 일련의 일들은 하늘에서 뚝 떨어지지 않으며, 단순한 모방만으로도 되지 않고 '연습'이 필요합니다. 부모가 이런 행동방식 – 공손하게 부탁하지 않으면 아이스크림을 주지 않는다. 오빠가 여동생에게 뭔가를 선물해야 하고, 그렇지 않은 경우 자신도 선물 받을 생각을 하지 말아야 한다 등 – 을 훈련시키지 않는 것은 자녀를 좋은 어른으로 키울 임무를 게을리하는 것입니다. 교육이란 결국 이기심과 게으름을 극복하도록 매일 아이들을 다듬어 가는 작업입니다. 아버지, 어머니에게 감사하는 훈련이 된 아이들은 수업을 준비하느라 애쓰는 선생님께도 감사할 줄 압니다. 가까운 친척이 생일을 맞았다는 것에 생각이 미치고 축하 편지도 쓸 줄 알게 되지요.

다른 사람들과 관계를 맺어 가는 것은 높은 수준의 사회적 기술이 필요한 일입니다. 우정은 우연히 생기는 게 아니라 만들어 가는 것입니다. 작곡가가 소나타 형식이라는 틀에 음악을 담는 것처럼 우리도 외적인 형식에 마음을 담아야 합니다. 격식이 없이는 사업상의 관계뿐 아니라, 친구관계는 물론 결혼생활을 이어 가는 것도 힘들어집니다.

그런 의미에서 기숙학교는 이상적인 교육의 장이라 할 수 있습니다. 살렘에서는 매일 아침 식사를 하기 전에 조깅을 하고, 아침 훈화를 듣고 아침 회의를 합니다. 식사 시간은 늘 같은 패턴으로 진행되는데, 먼저 전부 일어나 조용해지면 잠시 침묵한 후 앉아서 식사가 시작됩니다. 수업이 시작될 때도 학생들은 우선 일어나서 조용히 해야 합니다. 생일을 맞은 학생들에게는 점심시간에 촛불을 켠 작은 케이크를 전달하고, 저학년의 경우는 모두 함께 노래를 불러 줍니다. 하루 일과, 만남의 형식, 식사 형식, 작별의 형식을 만들어 놓으면 아이들은 매번 뭔가를 해도 될까, 어떻게 해야 할까, 언제 해야 할까를 새로 고민하지 않아도 되고 더 창조적인 일에 에너지를 쏟을 수 있습니다.

몸을 돌보는 일도 중요합니다. 많은 부모들은 학습적인 훈련보다도 이 부분에서 자녀들을 일정한 패턴으로 훈련할 필요가 있습니다. 일찌감치 몸에서 일어나는 변화에 신경을 쓰고, 규칙적인 생활을 하며, 몸이 좋은 컨디션을 유지하도록 쉬는 방법을 가르쳐 주어야 합니다. 그러려면 부모와 교사들이 먼저 이런 훈련이 되어 있어야겠지요.

배변 훈련을 언제부터 시켜야 할지에 대해 의견이 분분합니다. 억지로 변기에 앉혀서 배변 훈련을 시키면 나중에 성불능이나 성불감증 혹은 다른 장애로 이어질 수 있다고 말하는 심리학자들도 있더군요. 얼마 전에 한 젊은 엄마가 자기 딸이 다니는 놀이방에서는 매일 아침 모든 아이들을 같은 시간에 변기에 앉힌다는 이야기를 해 주었습니다. 규칙적으로, 놀이처럼 진행된다고 하더군요. 많은 이들은 이런 '강제 조치'에 분개하지만, 아이들은 이런 훈련을 통해 규칙성을 배우고,

그것이 아이들에게 축복이 될 수 있습니다.

작은 예이지만, 소화불량 같은 증상은 시간 부족과 불규칙한 생활 리듬에서 오는 경우가 많습니다. 아침을 거른 채 등교하고, 패스트푸드로 때우며, 몸을 움직이지 않고, 밤늦게까지 자지 않는 생활습관이 아이들을 힘들게 하고 학습능력을 떨어뜨립니다. 방치에 가까운 그런 '무질서'를 학교 교육의 다른 수단으로 만회할 수 있다고 생각하는 것은 오산입니다. 아이들에게 '제대로 된' 환경을 만들어 주기 위해서는 종일제로 운영되고, 의무적으로 아침식사를 제공하는 학교와 교육기관들이 필요합니다.

규칙을 연습하는 것은 끝없는 노동입니다. 문화마다 다르기는 하지만 우리 문화에서는 식사를 할 때 소리를 내지 않고, 필요할 때만 말을 하고, 손님이 먼저 드실 때까지 기다렸다가 먹는 것이 예의입니다. 예의는 특별한 게 아니며 습관이고 일상이 되어야 합니다. 그렇게 몸에 밴 예의범절은 공동체의 소통을 원활하게 해 줍니다.

질서는 교육의 시작과 끝이다

이렇게 이야기하면 예의를 형식만 있고, 마음은 담겨 있지 않은 겉치레라고 생각할 분들이 많을 것 같습니다. 그러나 예의의 형식은 언제나 진정성을 토대로 해야 합니다. 진정성은 자연스럽게 따라오는 것이 아니라 수많은 시행착오를 통해 상대를 배려하는 마음과 이해하는 마음을 배우면서 터득하게 됩니다. 문제의 양상은 여러 가지겠지만 마음 없이 형식만 전달하려고 할 때는 오해와 갈등이 따라옵니다. 다시 말하지만 모든 형식, 격식, 예의는 마음으로부터 출발하는 것입니다.

아이들이 질서를 잃어버리면 어떤 모습이 되는지를 잘 표현한 노벨상 수상작가 윌리엄 골딩의『파리대왕』을 읽어 보시기를 권합니다. 무인도에 표류한 청소년들의 일상을 인상 깊고 드라마틱하게 묘사한 청소년 문학의 백미입니다.『파리대왕』은 인간 본성의 무능함과 사악함을 그리고 있습니다. 어른이 질서를 잡아 주지 않고 아이들끼리 제멋대로 행하는 의식화된 일들은 무질서로 이어지고, 위험한 권력의 도구가 될 수 있습니다. 실패는 비웃음과 놀림으로 이어지고, 따돌림과 자신감 부족으로 이어지기도 합니다. 골딩의 소설은 청소년의 자기결정능력에 대한 낭만적인 생각에 찬물을 끼얹습니다.

격식과 예의가 마음의 질서를 만들어 내는 데 얼마나 중요한지를 이해하고 인정하면서 아이들에게 그것을 훈련시키지 않는다면, 아이들에게 죄를 짓는 것입니다. 훈련을 시작해야 합니다. 연습, 연습, 연습! 반복이 모든 것의 어머니입니다. 익숙해지는 것, 습관이 되는 것이 목표가 되어야 합니다. 예의범절이 제2의 본성이 되어야 합니다. 호흡과 소화처럼 이성의 개입 없이도 작동해야 합니다. 그럴 때에야 정신적인 균형이 잡힙니다. 그리고 정신적인 균형을 잡으려면 신뢰할 수 있는 외적 형식이 필요합니다.

질서는 교육의 시작과 끝입니다. 질서는 교육에 지워진 짐이기도 합니다. 인간은 매일 스스로 외적 질서를 만들어 내는 동시에 개인의 주체성을 잃지 않으면서도 다른 이들이 만들어 놓은 외적 질서에 복종할 수 있어야 합니다. 한 인간의 도덕이 된 내적 질서는 외부의 도움이 없이 자신의 일과 만남과 감정을 정돈할 수 있게 해 줍니다. 아이들이 그렇게 되기까지는 많은 시간이 필요합니다.

아이들이 매일 해야 할 일들을 잘 해 나가면서도, 어떻게 그것들에 삶을 지배당하지 않을 수 있을까요? 제 시간에 일어나고, 여유 있게 아침식사를 하고, 정각에 버스를 타고, 물건들을 정리하고, 경우에 따라서는 약을 먹고, 오전 수업을 하고, 오후에는 악기 연습을 하고, 치과에 가고, 할머니를 뵈러 가고, 숙제를 하고, 저녁에는 양치를 하고…. 하루의 일상이 주어진 질서에 맞추어 사슬이 죽 꿰어지는 것처럼 이뤄집니다. 이런 외적 강제에 따르려는 아이들의 노력을 뒷받침해 주고, 때로는 약간의 융통성을 발휘하게 해 주는 것이 부모의 과제입니다. 부모는 아이들이 일단 불평하지 않고, 우선순위를 매기는 것을 배울 수 있도록 도와야 합니다. '처음 해야 할 것을 처음에.' 이런 원칙에 따르는 사람은 헐떡이며 시간을 쫓아가지 않고 시간의 주인이 될 것입니다.

아이들이 방을 어질러 놓는 문제는 어떻게 다뤄야 할까요? 나는 청소하시는 분들에게 아이들의 방을 보여 주기가 매우 부끄러웠습니다. 이 문제를 해결하려고 얼마나 많은 방법들을 생각했는지 모릅니다. 하루 계획과 주중 계획을 세우고, 설교를 하고, 벌을 주고, 권리를 제한하고…. 싸움은 끝이 없었습니다. 우리는 '외적 질서가 내적 질서를 만든다'는 말을 증명해 왔지만 그 반대의 일도 경험했습니다. 무질서하게 생각하고 학교생활도 엉망인 학생들은 그에 맞게 방을 어질러 놓는 경향이 있었습니다. 그러나 학업 태도나 사고는 질서가 잡혀 있는데, 방을 엉망으로 만들어 놓는 아이들도 있었습니다. 아이들이 방을 어질러 놓는 게 괴롭긴 했지만, 인간관계가 안 좋거나 예의범절이나 품행이 엉망인 것보다는 많이 용납해 주었습니다. 청소년기에 무질서하게 사는 시기가 있는데 그 시기가 그들에겐 그저 거쳐 가는 단계일 수 있다는 사실을 배운 것이지요.

이 시대는 교사들에게 질서의 수호자가 될 것을 요구합니다. 질서 교육이 본령은 아니지만 어느 정도는 자신의 역할로 받아들여야 합니다. 이제 가정에서는 질서 교육이 이루어지지 않기 때문입니다. 그런데 이런 임무를 수행하려면 교사에게 좀 더 많은 권위가 주어져야 합니다. 부모는 자기 아이만 키우면 됩니다. 자녀가 여럿이면 교육 과정을 몇 번 반복할 수 있겠으나, 많은 교사들은 40년간 그 일을 반복합니다. 바위를 산 위로 밀어 올리지만 산꼭대기에 이르면 어김없이 굴러떨어지는 바위 때문에 바위 굴리기를 영원히 반복해야 하는 그리스 신화 시시포스의 모습과 닮았습니다. 똑같은 훈련을 계속 반복하는 일은 아주 고된 일입니다.

질서의 노예가 아니라 질서의 주인으로 키워라

물론 질서에 대한 인식이 지나쳐서 강박이 되거나 질서 자체가 목적이 되어서는 안 됩니다. 질서가 목적이 되는 현상은 독재국가에서 나타나는 특징입니다. 독재국가에서는 질서가 수단이 아니라 목적으로 바뀌고, 이런 경우 질서는 자유를 희생시키는 대가로 이루어집니다. 그러므로 어느 정도의 무질서가 존재하는 것은 민주주의 국가에서 자유를 누리는 증거로 볼 수 있습니다. 교사들은 아이들에게 이러한 부분에 대해서도 가르쳐야 할 것입니다. 가만 보면 아이들 중에서도 강박적으로 질서를 맹신하는 경우가 있습니다. 이런 아이들을 강박에서 해방시키는 것은 무질서한 아이들에게 질서를 가르치는 것보다 어려운 일입니다.

나치 치하에서 질서가 목적이 되었던 탓에 '질서'는 독일에서 좋은 이미지를 얻지 못했습니다. 그러므로 모든 교육자들이 안고 있는 가장 중요한 과제는 아이들을 질서의 주인으로 키우되, 질서의 노예가 되지는 않도록 하는 것입니다.

무질서는 고통을 안겨 줍니다. 다시 말하면 질서는 행복의 전제입니다. 교육자라면 누구나 이런 인식에 동의하고 동참해야 할 것입니다.

벌주는 것을
두려워하지 마라

인간 사회의 법과 질서는 규제와 처벌이 없이는 유지하기 어렵습니다. 이를 의심하는 사람은 아무도 없을 것입니다. 그러나 교육계에서는 20세기 초반부터 벌을 주지 않고 교육해야 한다는 견해가 확산되었습니다. 벌은 두려움을 낳고, 두려움은 아이들의 성장에 해가 된다는 것입니다. 자율적인 깨달음을 통해 행동의 변화를 꾀해야 한다는 것입니다. 그리하여 자유방임적인 교육이 탄생했습니다. 이는 반권위주의 교육과 마찬가지로 모든 강제와 규제가 트라우마가 될 수 있다고 보는 심리학에 근거한 것입니다. 교육 수단으로서의 벌을 포기해야 한다는 의견은 전후 시대 폭넓은 동의를 얻었습니다. 나치 치하에서의 경험으로 인해 벌에 대한 평판이 바닥을 쳤기 때문입니다.

그리하여 벌을 주는 것에 회의적인 사람들은 아이들의 통찰을 돕기 위해 '대화'를 선택합니다. 하지만 고상하게 대화로만 아이들의 행동을 바꾸기는 어렵습니다. 그러나 살렘학교는 다릅니다. 지금도 살렘에서는 여전히 벌칙을 정하고 벌을 줍니다. 많은 교육학자들은 이를 과거로 후퇴하는 교육이라고 보지만, 벌을 주지 않는 교육을 해야 한다는 순진한 생각으로 살렘에 온 교사들은 현장 경험을 통해 빠르게 미몽에서 깨어나곤 합니다.

학생들이 수학여행을 떠났을 때의 일입니다. 인솔 교사들은 학생들에게 규칙을 어기는 사람은 곧장 학교로 돌려보내겠다고 누누이 경고했습니다. 그런데 기차를 타고 출발한 지한 시간 만에 세 학생이 화장실로 자취를 감추었고, 그곳에서 세 명이서 담배를 피우고 있는 장면이 들통났습니다. 짧은 상의를 거쳐 교사들은 규칙을 어기고 담배를 피운 학생들을 학교로 돌려보내는 벌을 주기로 결정했습니다. 다른 학생들은 그 행동이 돌려보낼 만큼 심한 벌을 줄 만하지 않다고 생각했고 그들만 돌려보내느니 모두가 되돌아가겠다고 했습니다.

그러나 교사들은 흔들림 없이 그들의 결정을 고수했습니다. 이어 학생들은 의견이 나뉘었고, 세 학생의 어리석은 행동 때문에 모두가 여행을 중단하는 것은 말이 안 된다는 쪽으로 논의가 전개되었습니다. 그리하여 '분위기를 망친' 세 학생만 학교로 돌아갔습니다. 그리고 불미스러운 일은 더 이상 일어나지 않았습니다. 한 교사는 이 일에 대해 규칙을 위반한 즉시 그에 해당하는 벌을 준 것이 다른 학생들에게도 판단의 잣대로 작용했다고 해석했습니다. 하지만 많은 교사들은 처음에 일관되게 대처하지 못해서 작은 문제를 크게 키우는 경우가 많습니다.

우리는 아이들을 말로 지도할 뿐 아니라, 물리적인 제재를 가하는 기준을 정해 놓아야만 합니다. 나머지 공부를 하게 한다거나 신체적·정신적으로 환기를 시키고, 행동에 제약을 줌으로써 물리적인 제재를 가할 수 있습니다.

벌이 정당한 효과를 발휘하려면, 규칙을 어기면 어떤 결과가 따르는지 미리 명확하게 전달해야 합니다. 규칙을 어길 때 당할 곤란을 감지하게 하는 것이 바로 벌의 기능이기 때문입니다. 그러나 벌을 받게 되는 모든 경우를 시시콜콜 다 열거할 필요는 없습니다. 수학여행의 예에서 흡연을 하면 벌을 받는다고 미리 분명히 이야기하지 않았다고 학생들은 곧장 토론을 시작했습니다. 교사들은 보통 성급하게 그런 토론에 응합니다. 하지만 살렘의 교사들은 아이들의 자유분방한 토론에 흔들리지 않고 단호하게 의사결정을 했고, 이후 행사를 순조롭게 이끌 수 있었습니다.

벌을 주지 않고 청소년들의 음주, 흡연을 막아 보려는 시도는 번번이 실패합니다. 청소년들은 그런 유혹들을 이겨 낼 만한 힘이 없습니다. 특히 또래들이 주는 유혹은 대단해서 어른들이 대항하기에 역부족입니다.

살렘에서도 1980년대까지 술, 담배, 대마초 문제를 대화를 통해 해결해 보려고 했지만 실패했습니다. 그러던 중 대마초를 피웠는지 여부를 간단하게 측정할 수 있는 기술이 개발되었고 이 방법은 우리의 고민을 시원하게 해결해 주었습니다. 매일 아침 제비뽑기를 통해 뽑힌 학생은 소변검사를 받습니다. 그리고 양성반응이 나오면 곧장 퇴학됩니다. 학교에 입학할 때 이미 부모와 학생들은 이에 동의한다는 사인을 합니다.

소변검사 제도를 도입하자 교사들은 누가 대마초를 피웠는지를 가지고 학생과 쓸데없이 논쟁을 하지 않게 되었습니다. 또한 학습 태도가 안 좋아지거나 주의가 산만한 학생들을 더 이상 불신하는 눈으로 보지 않게 되었습니다. 학생들도 규칙을 어기면 어김없이 걸리고 그에 대한 처벌을 받는다는 사실을 인지하게 되었습니다. 그렇게 테스트에서 양성반응이 나온 학생 몇이 퇴학당한 후 대마초는 학교에서 자취를 감추었습니다.

이런 방법이 주효했던 것은 큰 벌을 주었다는 점과 규칙을 위반했다는 사실을 명백히 증명할 수 있었다는 점 때문입니다. 이전에 벌로 사회봉사를 하게 했을 때는 벌의 위력이 너무 미미했고, 학생들이 대마초를 피웠는지를 증명하는 것도 쉽지 않았습니다. 규칙을 위반하면 발각이 되고, 발각이 되면 확실히 벌을 주어야만 벌이 효력이 있습니다. 벌을 주려는 부모나 교사는 규칙을 위반했는지를 명백히 밝힐 준비가 되어 있어야 합니다.

우리는 음주 측정기도 도입했습니다. 그랬더니 음주 문제도 아주 명확해졌습니다. 술을 마시면 발각될 것을 알고 있기에 학생들의 음주는 현격히 줄어들었고, 학생과 교사와의 관계도 개선되었습니다.

일상의 질서를 유지하거나 만들어 내는 데 도움이 되는 벌들이 있는데, 이런 벌은 강제성을 동반해야 합니다. 식사 때 예절을 지키지 않았다면 식사 후에 식탁을 치우거나 설거지를 도와야 합니다. 수업을 빼 먹은 아이는 토요일 저녁에 남아서 공부를 해야 합니다. 흡연을 한 아이는 열 시간 동안 학교 일을 거들어야 하고, 식사 당번을 건너뛴 아이는 식당에서 봉사를 해야 합니다.

살렘에서는 수십 년 동안 이런 방법을 시행했습니다. 이렇게 아이들에게 벌을 주고 규칙을 정하면 아이들은 반드시 지켜야 할 게 무엇인지를 알게 됩니다. 그렇게 하면서 규칙을 지키려고 애쓰고 어기면 당연히 벌을 받을 거라고 생각하게 됩니다. 이렇게 학교의 질서가 유지되는 것이지요.

아이가 어리다면 그에 맞는 벌을 주면 됩니다. 가령 아이들이 밥을 잘 먹지 않을 때는 간식을 주지 않거나, 허락받지 않고 텔레비전을 본 경우 일정 기간 동안 텔레비전을 보지 못하게 하는 것입니다. 벌을 줄 때 중요한 것은 지체 없이 결정하고 벌을 주는 것입니다. 잘못을 저지르고 벌을 받기까지 시간이 많이 걸리면 아이는 혼란스럽고 때로는 불안해 합니다.

정당한 벌은 아이를 성장시킨다

벌이 아이들의 두려움을 유발하기 때문에 용인해서는 안된다는 견해에 대해 짧게 언급하겠습니다. 두려움은 대상을 알지 못하는 모호한 위협 때문에 생기는 정서 상태입니다. 명확히 정해져 있고, 계산할 수 있는 벌은 아이들을 긴장하게 할지는 몰라도 두려움이나 불안을 유발하지는 않습니다. 사랑과 애정을 가지고 있는 어른이 주는 벌은 아이들이 받아들일 수 있고, 벌을 견디는 법을 배우게 합니다. 즉, 아이를 성장하게 하고, 인생을 제대로 살아갈 수 있도록 준비를 시켜 줍니다.

벌의 합법성이나 유익을 의심하는 사람은 어른들의 삶도 벌을 빼고는 생각할 수 없음을 기억해야 할 것입니다. 과속방지 카메라가 없다면 알아서 규정 속도를 지키는 사람이 있을까요? 벌금이 두렵지 않다면 얼마나 많은 시민들이 탈세를 할까요? 벌이 없는 교육은 어른과 아이 모두를 힘들게 한다는 사실을 인정해야 합니다. 합당한 벌은 아이들에게 방향을 제시해 주고 디딤돌이 되어 줍니다.

법을 대표하는 상징물인 정의의 여신상은 저울과 칼을 들고 있습니다. 정의(저울)와 벌(칼)이 짝을 이루는 모습을 보여 주는 것이지요. 정의롭게 교육하려고 한다면, 벌을 줄 준비가 되어야 하며, 거꾸로 정의의 덕목을 갖춘 사람만이 벌을 줄 자격이 있습니다. 정의는 교육의 최고 덕목입니다. "모든 사람에게 정의롭게 대하는 것은 아무도 할 수 없는 기술이다"라는 말이 있습니다. 정의롭게 행동하는 것은 모든 교육자에게 가장 큰 과제입니다.

어느 날 아침 일찍 전화가 왔습니다. 밤사이에 학생들이 무단으로 외출을 했다는 것입니다. 알아보니, 불미스런 사건들도 있었고, 술도 마셨습니다. 이런 경우에는 '작은 법정'이 열립니다. 교장, 멘토(양육자), 담임 외에 둘 이상의 학생 대표로 이루어진 법정입니다. 멘토 선생님이 밤에 침대가 비어 있는 걸 발견했고 우여곡절 끝에 세 학생을 찾아냈습니다. 학생들은 무단 외출과 음주로 인해 법정에 섰습니다. 학생들은 처음에 진실을 말하지 않았고, 발각되지 않은 다른 학생들의 죄를 덮어 주려고 거짓말까지 했습니다.

심문에 가까운 힘든 대화에서 우리는 정확히 무슨 일이 있었는지를 알아내려고 했습니다. 그러나 아이들은 사실을 있는 그대로 이야기하기를 힘들어 했습니다. 특히나 술이 어디서 났는지 얼마나 마셨는지 하는 문제에 대해서는 더 굳게 입을 다물었습니다.

이 사안은 신속하게 진행되어 학생들은 무단 외출, 음주, 거짓 증언으로 처벌을 받았습니다. 이 학생들은 전에 다른 일에도 연루되었기 때문에 퇴학까지 고려하고 있었습니다. 하지만 시간이 좀 흐른 일이라 퇴학은 심한 조처라는 이야기가 나왔고 다른 처벌을 고심하게 되었습니다.

결국 학생들을 3일간 집에 돌려보내 그 일을 부모님에게 말하도록 하는 선에서 논의가 마무리되었습니다. 이 판결에는 며칠간 학교 공동체에서 격리된다는 상징적인 의미도 포함되어 있습니다. 그리고 학교 관리인을 도와 15시간 일을 하는 교내 봉사활동과 2주간 주말 외출 금지 처벌을 받았습니다. 그리고 비슷한 일이 또 있을 시에는 퇴학 처분을 하기로 했습니다. 작은 법정이 이렇게 판결하기까지는 무단 외출을 한 학생들이 어떤 태도로 조사에 임했는지가 큰 영향을 끼쳤습니다. 그들이 솔직하게 진실을 털어놓았더라면 좀 더 가벼운 처벌이 내려졌을 것입니다. 3일간의 귀가 조치를 통해 학생들은 충분히 반성했고, 부모와 학생들은 이 결정을 받아들였습니다.

실제로 어떤 처벌을 할 것인가를 결정하는 것은 마지막에 교장이 대표자와 함께 판단합니다. 작은 법정은 법정의 구성원들이 협의하고 심의하는 활동만 한다는 점에서 사회의 법정과는 많이 다릅니다. 퇴학에 대한 결정을 학생들에게 하게끔 할 수는 없기 때문입니다.

올바른 판단을 하려면 시간이 필요합니다. 어떤 상황에서 아이들이 학교를 이탈했는지, 자신과 다른 사람들의 안전을 위협했는지, 술을 얼마나 마셨는지, 주도자와 동조자가 누구

였는지, 무단 외출하기까지 어떤 모의가 진행되었는지, 사실대로 고백하는지 등 여러 가지 상황을 고려해서 자세히 조사하는 과정을 거쳐야 합니다.

학생들에게 적절한 처벌을 내리기 위한 토론, 심문, 심의, 결정은 모든 참여자들에게 탁월한 교육적 효과가 있습니다. 이런 종류의 질문에 답을 찾는 것은 정의와 범죄와 책임과 양심을 주제로 여러 시간 수업을 하는 것보다 훨씬 와 닿습니다. 실제로 벌을 받는 학생들을 앞에 두고 적절한 벌을 찾는 과정은 진지할 수밖에 없기 때문입니다.

작게는 소소한 규칙 위반부터 좀 더 큰 사건까지 작은 법정은 매주 다양한 안건을 가지고 열립니다. 이 시간을 통해 아이들은 정의에 대한 차별화된 개념을 배울 수 있습니다. 청소년들은 정의를 평등의 개념으로 이해하는 경향이 있습니다. 점수 책정, 칭찬, 꾸지람, 무엇보다 처벌에서 모두에게 같은 잣대를 적용할 것을 기대하고 요구합니다. 다른 사람과 같아지고 같은 대우를 받고 싶은 마음이 아이들의 사고를 지배하기 때문에, 다른 대우를 받으면 큰일 나는 줄 압니다.

우리는 아이들이 생각하는 정의의 개념을 평등의 개념에서 개개인에게 합당하게 적용하는 개념으로 바꾸어 주어야 합니다. 학생들에게 전해야 하는 가장 중요한 메시지는 정의

로운 판결은 도식적인 판결이 아니라는 것입니다. 모든 문제
는 일반적인 규칙의 거울에 비추어 해석해야 하지만, 각각의
경우가 갖는 특별한 상황이 있다는 사실을 명심해야 합니다.
나는 늘 선례가 생각을 지배하지 않도록 조심해 왔습니다. 선
례를 따라 결정하면 이유와 근거를 대기가 쉽기 때문에 이는
커다란 유혹입니다. 그러나 그 함정에 빠져서는 안 됩니다. 특
별히 학교의 경우는 사회에서보다 각각의 상황을 더 많이 고
려해야 합니다.

 정의에 대한 사고를 확장할 수 있는 가장 좋은 방법은 모
의재판에 참여해 보는 것입니다. 그러나 이에 앞서 이런 실제
적 경험에는 늘 이론적인 숙고가 필요합니다. 실제적인 경우
를 이론적인 개념에 비추어 보고, 역사와 문학 속에 등장하
는 비슷한 사례와도 비교해 보아야 합니다. 이렇게 하는 과정
이 바로 교육입니다. 숙고와 경험을 통해 단련되고서야 비로
소 정의롭게 행동할 수 있게 되는 것입니다.

 정의의 개념은 훈련을 요구하고 상벌을 활용하는 교육, 그
런 교육에 대한 용기를 통해서만 단련될 수 있습니다. 평가하
고, 판결하고, 일관되게 행동하는 것을 통해 어른과 아이가
함께 계속 무엇이 옳은 것인지 생각함으로써 말입니다. 이런
숙고는 아이 못지않게 어른도 성장하게 합니다. 적절한 벌을

선택하는 과정은 판결을 하는 것이 얼마나 중요한지, 정의의 개념을 단편적으로만 생각할 때 얼마나 많은 오류가 생길 수 있는지를 의식하게 합니다. 정의를 추구한답시고 차갑게 계산하고 꼬치꼬치 따지다 보면, 뭉뚱그려 사고할 때보다 더 큰 불의로 이어질 수 있습니다. 로마의 법률학자들 역시 정의를 이루려고 애쓸수록, 더 불의한 판결이 나올 수 있다고 했습니다.

벌에 대한 다양한 시각이 필요하다

한편 벌을 주는 것은 예방 효과도 있지만, 용서의 기능도 할 수 있습니다. 다른 아이를 놀리거나 공동체에 해가 되는 행동을 한 학생에게 벌은 자신이 끼친 피해를 보상하고 죄책감에 시달리지 않을 수 있도록 해 줍니다. 기숙사에서 야단법석이 난 적이 있습니다. 공용 냉장고에 넣어 둔 음식들이 연달아 자취를 감춘 것입니다. 한 남학생이 의심의 눈초리를 받았지만 그는 결백을 주장했고 교사들은 다른 아이들을 의심했습니다. 그러다 우여곡절 끝에 결국 처음에 지목한 학생이 자백을 했습니다. 이미 그 아이가 한 일을 알고 있던 같은 방 친구가 그에게 진실을 말하도록 충고했던 것입니다. 물론 그 학생은 훔쳐 간 음식을 보충해 넣어야 했고, 벌로 오랜 기간 여러 가지 봉사를 해야 했습니다. 그는 마음을 담아 사과했고 다른 학생들은 그 사과를 받아들였습니다. 또한 그는 합당한 벌을 받으면서 그만큼 공동체에 유익한 일을 했고 구겨진 체면을 만회할 수 있었습니다. 용서는 개인적인 후회를 통해서뿐만 아니라, 시간과 힘을 들여 좋은 행동을 함으로써 완성됩니다.

벌을 주지 않고도 규칙에 어긋나지 않게 행동하게 하는 방법이 딱 하나 있습니다. 그룹 안에서 자발적으로 일어나는 통제입니다. 2차 세계대전 후 살렘의 학생들은 시험을 볼 때 감독이 없어도 부정행위를 하지 않았습니다. 교사는 시험지를 나눠 준 뒤 교실에서 나갔습니다. 학생들이 부정행위를 하지 않는 것은 도덕성이 높아서가 아니라, 서로 통제를 하기 때문이었습니다. 학생들은 어른의 감독 없이도 정직을 실천할 수 있다는 사실을 자랑스러워했습니다. 이런 태도는 살렘학교의 정체성이었습니다. 이는 개인의 도덕성을 뒷받침해 준다는 면에서 벌과 비슷합니다. 여기서 벌과 같은 역할을 하는 것이 바로 그룹 안에서 일어나는 통제입니다. 도덕적 수준이 높은 그룹 안에서의 도덕은 이런 방식으로 작동합니다. 그런 그룹의 구성원들은 벌과 무관한 듯 보입니다. 그러나 실제로 그들은 벌과 비슷한 메커니즘에 둘러싸여 있는 것입니다.

교육자들의 벌 목록에서 없어져야 할 벌들이 있습니다. 그 첫 번째가 바로 체벌입니다. 체벌은 인간의 존엄성을 망가뜨립니다. 사랑과 관심을 박탈해 버리는 것도 비열하고 비교육적인 벌입니다. 이는 아이들에게 너무 가혹해서 불안을 유발합니다. 그런 벌을 주는 사람에게는 진정한 사랑이 없을 확률이 높습니다.

또 한 가지 중단해야 하는 악습은 태도가 나쁘다고 점수를 깎는 것입니다. 점수는 학생의 학업 능력을 평가하는 도구여야지, 태도를 평가하는 것이 되어서는 안 됩니다. 학생이 유쾌한 행동을 하는지, 불쾌한 행동을 하는지가 점수에 반영되어서는 안 됩니다. 교사가 다른 벌을 주는 것이 여의치 않을 때, 벌로 점수를 깎고 싶은 유혹을 받을 수 있습니다. 교육자들끼리는 이를 '점수 회초리'라 부릅니다. 많은 교사들은 지각하는 것, 버릇없이 구는 것, 게으른 것, 수업을 방해하는 것을 '점수 회초리'로 다스리려고 합니다.

교사들이 이런 일을 하지 않도록 잘못된 행동에 상응하는 벌을 주는 것이 공식적이고 자연스러운 일이 되어야 합니다. 수업을 빼먹었다면 남아서 공부하게 하고, 버릇없이 굴었다면 교장 선생님과 대화를 하게 하고, 수업을 방해한다면 일시적으로 수업에서 퇴장시키는 다양한 방법들이 있을 것입니다. 점수가 벌로 잘못 사용될 때 교사는 정의롭게 행동하기가 힘들기 때문에 합법적인 벌에 대한 많은 고민이 필요합니다.

벌을 포기하지 마라

공동체 교육은 벌을 포기해서는 안 됩니다. 가정은 공동체보다는 형식적인 규칙이 덜 필요하긴 합니다. 그러나 가정에서도 잘못된 행동에 대해 반드시 벌을 줘야 합니다. 그리고 벌을 줄 때 가장 필요한 기준은 바로 '정의'입니다.

그러나 아이들은 정의 자체에는 관심이 없고, 자신에게 내려지는 처벌이 정당한지에 대해서만 관심이 있습니다. 남매들이 싸우면 부모는 잘못한 아이에게 벌을 주고 혼내야 합니다. 그렇지 않으면 정의가 땅에 떨어집니다. 아이가 어릴수록, 부모는 올바른 결정을 내리기가 힘듭니다. 남매들끼리 다투는데 부모가 개입해 아이들이 올바른 판단을 내리게 하는 것은 원으로 사각형을 만들려고 하는 것만큼이나 어렵습니다. 그럼에도 이런 부분을 바로잡아 주는 것이 부모의 역할입니다.

아이들은 정의에 대한 개념이 아직 충분히 정립되지 않았기 때문에 직관적이고 감정적으로 생각하고 행동합니다. 감정으로 올바른 판단을 내리는 것은 불가능합니다. 올바른 판단을 내리려면 자신의 입장에서 거리를 둘 수 있는 능력이 필요합니다. 그러므로 부모는 스스로 정의롭게 살려고 애써야 하며, 아이들은 이런 부모를 존경하게 마련입니다.

정의와 벌은 서로 연결되어 있습니다. 우선 정의는 '벌'을 통해 아이들에게 실제적인 의미로 다가옵니다. 아이들에게는 벌이 필요합니다. 불의가 훼손한 세계는 용서와 보상을 통해서만 회복될 수 있기 때문입니다. 이 과정은 말처럼 쉽게 이뤄지는 것이 아니며, 우리 아이들은 그 어려운 과정을 실제로 경험할 수 있어야 합니다. 그리고 이런 연결고리를 만들어 내는 것이 바로 교육입니다. 정의롭게 교육하고자 한다면 벌을 줄 준비가 되어 있어야 합니다. 이 문장을 명심하는 분은 자유를 향해 가는 길에서 아이들에게 길잡이가 될 수 있을 것입니다.

3부

○

엄하게 가르치는 기술

건강한 자존감은 행복과 에너지를 만들어 냅니다.
거꾸로, 낮은 자존감은 불행과 무기력의 근원입니다.
아이들이 자신의 재능을 믿을 수 있게 북돋우는 것이
모든 교육의 첫걸음입니다.
그리고 이러한 교육에는 시간이 필요하고
강하게 훈련할 수 있는 엄격함이 필요합니다.

아이에게
공동체를 선물하라

요즘, 독특한 드라마가 우리 눈앞에서 펼쳐지고 있습니다. 가정교육은 교육이라는 이름에 걸맞지 않은 옷을 입고 있고, 가정교육을 포괄할 수 있는 사회적 합의는 사라졌습니다. 가족의 스타일에 맞는 분위기가 있을 뿐입니다. 한쪽에서는 원칙에 따라 아이를 기르고, 한쪽에서는 시대의 유행을 충실히 따르고 있습니다. 50년 전에는 사회에서 통용되는 양육 스타일과 명확한 인간상이 있었지만, 오늘날에는 사회와 마찬가지로 교육에서도 개성이 난립하고 있습니다.

또한 가정이 무너지면서 많은 '양육권자'들은 제멋대로의 양육 스타일을 구사하고 있습니다. 대부분의 사람들은 무턱대고 잘될 거라고 생각합니다. 이혼이 늘면서 한부모 가정도 늘고 있고 저출산으로 인해 아이들의 수는 줄고 있습니다. 성공적인 양육의 예는 줄고, 의도는 좋지만 실제로는 실패한 양육이 늘어나고 있습니다.

이런 때일수록 우리는 확신을 잃어서는 안 됩니다. 다시 교육에 대한 사회적 합의가 이뤄지고 가정을 회복하려는 노력이 일어나야 합니다. 가족이 무너지고 교육이 길을 잃는 것은 오래지 않은 미래에 큰 고통을 가져다줄 것입니다.

대림절 몇 주 전부터 어머니는 크리스마스 준비로 바빴다. … 우리 꼬마들은 아기 예수님께 전하는 메시지를 쪽지에 받아 적거나 스스로 적어 베란다에 가져다 놓았다. … 부모님은 아이들과 친척들 외에도 일손을 돕는 사람들과 집에 찾아오는 모든 이들에게 선물을 했다. 어머니는 모든 사람을 생각했다. … 우리는 크리스마스 선물을 포장하는 걸 도왔다. … 식탁에 포장할 선물과 포장도구들이 있었다. 전나무 가지, 상자, 선물더미. … 포장이 끝나면 우리 중 두 명이 리어카로 그 모든 걸 그루네발트의 우체국까지 실어 가야 했다. 하고 싶지 않은 일이었다. 하지만 어머니는 우리가 다른 사람들을 위해 약간의 수고를 해야 한다고 생각했다. … 가장 좋았던 것은 대림절 주일이었다. 오후 기도 시간이 끝나고 가족이 식탁 앞에 모였다. … 아이들은 열심히 붙이고, 그리고, 뜨개질하고, 다듬고, 칠했다. … 부모님은 우리 여덟 아이와 함께 생활하면서 선조들의 풍습과 격식을 의식적으로 지켜 내셨다. … 훗날 힘들고 파란만장한 세월을 보내며 우리는 부모님이 우리에게 얼마나 소중한 가치를 가르쳐 주셨는지를 실감했다.

『본회퍼 가족의 크리스마스』라는 작은 책에 나오는 내용입니다. 이 책에서 자비네 라이프홀츠-본회퍼(디트리히 본회퍼의 딸)는 자신의 집에서 크리스마스를 어떻게 보냈는지를 묘사합니다. 이 가정은 아이들이 성장하는 데 이상적인 조건들을 제공했습니다. 부모와 아이들로 이루어진 공동체, 다양한 부류의 어른들, 나이와 성별이 다른 아이들의 무리, 섬기는 분위기, 공동의 활동과 풍습…. 어른과 아이가 어우러진 이런 공동체 생활은 여러모로 아이를 강하게 합니다. 이런 가정은 작은 우주입니다. "아이를 키우는 데 온 마을이 필요하다"라는 아프리카의 격언을 생각나게 하는 가정입니다.

이웃사랑에서 훈련에 이르기까지 아이들은 살아가는 데 필요한 모든 것을 가정 안에서 배웁니다. 포기하는 것도 배웁니다. 부모님의 사랑과 시간, 선물, 방, 모든 것을 나누어야 합니다. 대가족 안에서 자라는 아이들은 질투, 시기, 편협함을 극복하는 방법을 일찌감치 배웁니다. 부모님에 맞서 똘똘 뭉치고 비밀을 공유하기도 합니다. 큰 아이들은 작은 아이들을 보살피고, 책임을 집니다. 남매들의 질병과 고통과 불안을 함께 겪습니다. 집안일은 분담하지 않고는 돌아가지 않아 모두가 거들어야 합니다. 질서가 잡혀 있고, 모두가 능숙하게 의무를 다합니다. 이웃에게 의지하고, 함께하는 일들을 통해 타인에 대한 믿음이 생깁니다. 그런 가정에서 자라는 아이들은 안정적이고 자신감 있게 세상으로 나갈 수 있습니다.

그러나 요즘 가정의 현실은 대가족이 주는 축복과 거리가 멉니다. 한 가정의 평균 자녀 수가 2명이 되지 않고, 결혼한 부부의 절반이 이혼을 합니다. 많은 경우 자녀가 어릴 때 이혼을 하지요. 공동체는 실종되었고, 아이의 삶에서 어른들이 사라졌습니다. 이모, 삼촌, 조부모가 함께 사는 가정은 드뭅니다. 이런 아이들이 어디서 서로 나누는 것을 배울 수 있을까요? 어디서 관용을 연습하고, 어디서 시기와 질투를 이겨 내는 방법을 배울 수 있을까요? 유치원과 초등학교에 들어가서야 비로소 부당한 일을 겪거나 질투를 경험합니다. 학교나 유치원에서 비로소 다른 아이들과 나누는 것을 배우고, 다른 사람들의 생각을 받아들이고, 다른 아이들이 더 인기가 있거나 더 재능이 있다는 사실을 인정하는 방법을 배웁니다. 대가족 안에서 자란 아이들보다 기본적인 갈등을 극복하는 시기가 늦고, 더 힘듭니다.

본회퍼 가족의 크리스마스를 오늘날 소가족의 크리스마스와 비교해 보십시오. 대가족에서는 공동체 정신이 강조됩니다. 반면 소가족에서는 모든 것이 하나 내지 두 자녀의 바람을 중심으로 돌아갑니다. 그들은 상업화된 크리스마스에 무방비로 노출되어 있습니다. 텔레비전과 슈퍼마켓에서 크리스마스 용품들이 쏟아집니다. 어딜 가든 크리스마스 캐럴이 들려옵니다. 크리스마스의 본질을 의식하면서 크리스마스를 보내는 가족은 매우 적습니다. 집에서 선물을 만드는 대신, 부모는 아이들과 함께 쇼핑센터를 훑고 다닙니다. 다른 사람들에게 선물을 하는 것은 점점 힘든 일이 되어 버렸습니다. 자기 가족의 선물을 챙기기도 벅차니 말입니다. 거기에다가 크리스마스 파티가 줄줄이 열립니다. 학교, 교회, 스포츠 클럽, 회사에서도 크리스마스 파티를 합니다. 파티 때마다 달콤한 간식과 작은 선물이 들어 있는 봉지를 나누어 줍니다.

모든 것이 다 좋아 보이지만 사실은 그렇지 않습니다. 전통을 기억해 보십시오. 대림절(예수의 성탄과 다시 오심을 기다리는 절기) 기간은 그 의미 그대로 기대하고 절제하는 시기였습니다. 하지만 오늘날 대림절은 소비로 얼룩진 기간이 되어버려서, 아이들은 크리스마스를 소비의 연장선상으로 경험하지, 기대가 충족되고 절제가 풀리는 시기로 경험하지 않습니다. 그리고 연초까지 크리스마스 휴가가 이어집니다. 모든 것이 흥미 위주로 돌아갑니다. 많은 이들은 멀리 여행을 가고, 몇몇 부모들은 휴가 내내 아이들을 텔레비전, 컴퓨터, 인터넷에서 지켜 내느라 고군분투합니다.

아이는 보호를 넘어 독립의 대상이다

많은 어머니들은 외동이나 두 자녀를 사랑해 주고 보살펴 주면서 양육의 의무를 잘하고 있다고 믿습니다. 어머니는 아이들에게 헌신적으로 봉사합니다. 유감스럽게도 이런 태도는 과잉보호로 변질될 때가 많습니다. 어머니들은 아이들의 창의성을 계발해 주려고 끊임없이 새로운 아이디어를 만들어 내고, 아이들은 늘 이용가능한 어머니에게 익숙해집니다. 아이들은 지루함을 자신의 힘으로 극복하는 것을 배우지 못하고, 실망스러운 상황을 받아들이지 못합니다. 이런 아이들은 요구가 많고, 이기주의적이며, 응석받이에다 모험심이 없습니다. 힘든 걸 싫어하고, 어머니나 그 '대리인', 즉 유치원 선생님, 교사, 여행 가이드에게 의존합니다. 그리고 교사들이 자신들을 늘 재미있게 해 줘야 하는 존재라고 생각합니다. 이는 요즘 교사들의 고민거리 가운데 하나입니다.

가정교육의 목표는 아이들을 가능하면 일찌감치 자립시켜 세상에 내보내는 것입니다. 그런데 오늘날 완벽한 가족을 이루고 있다고 자부하는 많은 부모들은 가능하면 오랫동안 자녀들을 날개 아래 품고 있으려고 하는 것 같습니다. 결혼할 때까지 부모와 함께 사는 것보다 아이들에게 더 좋은 일은 없다고 믿는 듯합니다. 그 이유 중 하나는 부모, 특히 어머니들이 고독과 공허를 메우기 위해 아이들을 필요로 하기 때문일 것입니다. 그래서 어머니가 적극적으로 사회활동을 할 수 있도록 종일제 교육시설들이 필요합니다. 또래 아이들과 더불어 자라며, 일시적으로나마 어머니의 과잉보호에서 벗어날 수 있도록 하기 위해서도 아이들에게는 좋은 공동체가 필요합니다.

아이들의 삶에서 또래 친구는 중요한 역할을 합니다. 또래 친구들은 행복과 고통의 근원입니다. 친구는 삶에 의미를 선물합니다. 아이들은 친구를 사귀고, 인기를 얻고, 무리 안에서 인정받기 위해 커다란 희생을 치르며, 자신의 작은 원칙을 버리고 비행을 저지를 용의까지 있습니다. 한편 또래 그룹은 혼자서는 도저히 낼 수 없을 힘을 동원할 수도 있으며, 평소 같았으면 거부했을 일을 하겠다고 자원하게 하기도 합니다. 또래 그룹은 위험한 동시에 기회가 되기도 합니다. 그래서 많은 이들이 단체 교육을 할 때 이러한 요소를 활용합니다.

카리스마 있는 교육자들은 아이들이 더 높은 목표에 도달하게 하기 위해 아이들이 서로에게 느끼는 매력과 의존성을 활용했습니다. 보이스카우트와 교회 청소년 활동이 거기에 토대를 두고 있습니다. 기숙학교, 종일반 학교, 청소년 수련원도 단체 교육의 효과를 신뢰하지요.

청소년들이 열광하는 단체의 비밀은 청소년들의 모험심을 채우고, 가치 있는 사람이라는 느낌을 북돋워 주는 것입니다. 살렘에서는 학생들을 의무적으로 2주간 야외 체험을 하게 합니다. 아이들은 바위산에 오르거나, 급류타기를 하거나, 동굴을 탐험하거나, 섬을 종주하거나, 카누를 타고 외딴 곳으로 들어갑니다. 조건은 반드시 야외에서 텐트를 치고 생활한다는 것과 한정된 비용으로 스스로 식사를 해결하고, 함께 모험을 하는 것입니다. 모험이 힘들수록, 장애물이 많을수록, 어려운 단계를 거칠수록 아이들은 더 뿌듯한 마음으로 돌아옵니다. 인솔 교사 한둘이 딸린 또래 그룹 내에서 단결하고, 서로 돕는 경험을 하며, 포기를 연습하고, 한계에 부딪혀 봄니다. 이런 체험 학습은 멋진 교육 방법입니다.

대가족제가 일반적이었던 시대에도 진보주의 교육학자들은 아이들이 가족과 떨어져 다른 아이들과 함께 공동체 활동을 하는 것을 장려했습니다. 청소년 운동, 기숙학교, 보이스카우트, 교회의 청소년 활동 모두 20세기 초반에 탄생했습니다.

공동체 활동을 하면 각자에게 책임이 부과된다는 큰 장점이 있습니다. 기숙학교, 보이스카우트, 스포츠클럽 같은 곳에서는 큰 아이들이 더 어린 아이들을 돌보며, 각자의 영역을 담당하면서 배려, 협동, 관용 같은 사회적, 정치적 덕목을 배웁니다. 요즘같이 이기주의가 팽배한 시기에 꼭 필요한 교육이라고 할 수 있습니다.

특히 사춘기 청소년들은 주로 또래 그룹 안에서 '전염'을 통해 커 나갑니다. 누가 목소리가 크냐에 따라 좋은 영향을 받을 수도, 나쁜 영향을 받을 수도 있습니다. 또래 그룹의 힘이 무척 크기 때문에 어른이 올바로 이끌어 주는 손길이 그 어느 때보다 필요합니다. 어른은 아이들의 일거수일투족에 개입하는 것이 아니라 커다란 방향을 제시해야 합니다. 섬을 종주하는 힘든 여행은 '좋은 어른'이 이끌어 주어야 무사히 끝낼 수 있습니다.

한 여학생이 생각나는데, 이 아이는 열세 살 생일이 될 때까지 모범생이었고 운동도 열심히 했고 명랑한 성품으로 부모와 교사들을 기쁘게 했습니다. 그런데 몇 달 만에 아주 고집 세고 삐뚤어진 아이로 변해 버렸습니다. 새 친구들을 사귀면서 수업시간에 말대꾸를 하고 수업에 제대로 참여하지 않았습니다. 부모, 특히 어머니는 공격의 목표가 되었습니다. 그 아이는 또래 친구들의 행동을 여과 없이 따라했고, 옷, 언어, 관심사 모든 것들을 친구들에게 맞췄습니다. 교육자들은 이런 경우 보통은 부모에게 인내하기를 권합니다. 경험상 유년기를 잘 보낸 아이들은 사춘기를 좀 심하게 겪어도 잘 넘기고 열일곱 살이나 열여덟 살이 되면 다시금 예전의 질서를 되찾기 때문입니다. 그러나 많은 부모들은 갈등을 겪으며 심하게 괴로워하거나, 아이와의 관계가 영영 어긋나 버리는 경우도 있습니다.

이 소녀의 부모는 새로 사귄 친구가 딸에게 나쁜 영향을 미치는 것 같아 걱정했고 우선은 여름방학 때 캠프에 참가하도록 딸을 설득했습니다. 캠프를 다녀온 뒤 부모는 단체 생활의 장점에 대해 누누이 이야기했고, 딸은 드디어 기숙학교에 가겠다고 결정을 했습니다.

처음에 상담을 받으러 살렘학교를 방문한 날, 아이는 부모님이 익히 말했던 대로 차가운 태도로 일관했습니다. 그나마 상담을 받으러 온 이유는 자신이 좋아하는 스포츠 과목과 단체 생활 때문이었습니다. 그리고 또 한 가지를 꼽는다면 엄마와 붙어 있기 싫어서였습니다. 그 아이는 몇 달 후 살렘으로 왔고, 시간이 지나면서 고집 센 소녀에서 사랑스러운 아가씨로 바뀌었습니다. 운동도 열심히 하고, 엄마와의 관계도 회복되었습니다. 교훈과 판타지가 가득한 동화 같지만 우리는 사실 별로 놀라지 않았습니다.

이 예를 소개하는 것은 기숙학교에서는 이런 일이 비일비재하기 때문입니다. 오늘날 아이들은 좋은 공동체가 없고 사춘기에 부모와 너무 밀착되어 있어서 매우 힘들어 하고 있습니다. 그리고 스마트폰, 인터넷, 물질만능주의 같은 유해한 환경이 엄습하고 있기 때문에 더더욱 위험합니다.

소가족 안에서 자라는 아이들의 경우 대가족이나 학교 공동체 경험이 있는 아이들보다 이런 위험에 취약합니다. 텔레비전의 위력은 보는 것을 막는다고 약해지지 않습니다. 공동체 활동을 하는 것은 청소년들을 소비 세계에서 벗어날 수 있도록 하고 공동체 안에서 에너지를 발산할 수 있도록 흥미를 이끌어 냅니다. 그러나 흥미로운 제안으로 청소년들을 유혹하는 것으로는 충분하지 않습니다. 의무적으로 그런 활동을 하게 해야 합니다. 자발적으로 참여하는 학생은 소수이기 때문입니다.

자발적으로 참여하도록 애쓰는 교육은 늘 실패합니다. 인간의 본성에 맞지 않기 때문입니다. 독일에서는 기숙학교에서조차 일요일 아침에 아이들이 늦잠을 자는데, 영국의 기숙학교에서는 모든 학생이 일요일 아침 예배에 참석해야 합니다. 기독교인이든, 유대인이든, 무슬림이든, 무신론자든 모두에게 의무입니다. 많은 아이들이 일요일 오전에 뭔가를 한다는 것이 실제로 유익하다고 생각하기 때문에 불평이 없다고 합니다.

보통 가정의 경우 아이들은 일요일 오전에 늦잠을 자거나 텔레비전 앞에 앉아 있습니다. 독일 기숙학교에서는 토요일에도 수업을 하는데, 아이들에게 매우 유익한 시간입니다. 이런 제안에 숨이 막히는 분들이 있을지도 모르지만, 경험상 아이들이 삶의 진정한 자유를 얻기 위해서 꼭 필요한 과정이라고 생각합니다.

모든 계층의 아이들이 공동체 교육을 받아야 한다

지금까지 우리는 그나마 정상적인 가족에 대한 이야기만 했는데, 사실은 그보다 열악한 환경에서 자라는 아이들이 많습니다. 가족이 해체되어 느슨하고, 서로 구속력이 없는 관계 틈에서 사는 아이들도 많습니다. 실업률의 증가가 그런 상황을 조장하고, 희망 없는 상황을 술로 버티려고 하는 사람들이 많아진 탓입니다. 우리는 이런 열악한 환경의 아이들을 도와야 하고 좋은 교육 프로그램을 마련해야 합니다.

모든 계층의 아이들이 온종일 어른의 지도하에 공동체 생활을 하고, 공부하고, 놀 수 있도록 해야 합니다. 아기들을 믿고 맡길 수 있는 시설부터 종일제 어린이집, 유치원 시설이 있어야 합니다. 종일제 유치원과 학교는 일반화되어야 합니다. 점심 급식 후, 오후에는 교사가 아이들의 숙제를 봐 주고, 다양한 프로젝트와 놀이를 진행해야 합니다. 교육은 학문을 배우는 것에만 국한되어서는 안 됩니다. 괴테는 "활동을 늘려 주거나 직접적으로 활력을 북돋우지도 않으면서 지식만 전달해 주는 것은 모두 싫다"라고 했습니다. 괴테의 이런 개념은 종일제 교육의 모범이 되어야 합니다.

지식 수업에 이어 공동의 활동을 통한 교육이 이어져야 합니다. 음악, 운동, 연극 같은 다양한 활동과 체험 교육을 통해 교사는 '사람을 빚는' 자가 될 수 있습니다. 교사들은 자신을 믿지 못한 채 재능을 숨기고 있는 아이들을 발견해야 합니다. 열악한 환경의 아이들에게는 특히 그런 교사가 필요합니다. 이런 방식으로 PISA(국제학생수행평가 프로그램)를 통해 밝혀

진, 출신에 따라 교육 정도가 다르다는 부정적인 상관관계는 해결될 수 있습니다.

교사가 믿어 주는 아이는 어떤 아이도 잘못되지 않습니다. 그러려면 교사는 아이의 잠재력을 발견할 수 있어야 하고, 수업 이후에도 아이를 만나야 합니다. 이 모든 것은 교사가 최소 오후 4시까지 아이들과 함께하며 양육자로 설 준비가 되어 있을 때 가능합니다. 학교 건물은 좀 더 쾌적해야 하고 교사들의 근무 환경도 더 좋아져야 합니다. 또한 놀이에 많은 시간을 할애해야 합니다. 교사가 놀이 상대가 되어 주는 것은 교사와 아이들을 더 행복하게 만듭니다.

학교에서 종일 지내는 것이 좋은 환경에서 자라든, 열악한 환경에서 자라든 간에 모든 아이들에게 의무가 되어야 합니다. 오후에 학생들을 돌볼 수 있도록 교사의 수업 부담이 줄어들어야 합니다. 그런데 이 모든 것이 가능하려면 돈이 듭니다. 보육수당을 조율해서 종일제 교육에 투자하면 좋을 것입니다. 그렇게 되면 사교육 시장은 줄어들고, 엄마들이 아이를 이곳저곳으로 실어 나르는 수고를 하지 않아도 될 것입니다.

우리 시대의 커다란 과제 중 하나는 다문화가정의 아동들을 교육하고 끌어안는 일입니다. 이들의 경우에는 가정의 붕괴가 문제가 아니라, 오히려 내부적으로 똘똘 뭉쳐 있다 보니 아이들이 현지 문화와 언어에 친숙해지는 데 지장이 생긴다는 것이 문제입니다. 이런 가정의 아이들은 학교에 다니는데도 현지어를 제대로 하지 못하고, 문화에 잘 적응하지 못합니다. 이런 아이들을 위해 가능하면 종일제로 여러 국적의 아이들이 섞여 있는 유치원과 초등학교를 다닐 수 있는 기회를 열어 놓아야 합니다. 이것은 국적을 불문하고 모든 아이가 유치원과 '종일제' 초등학교를 의무적으로 다닐 수 있도록 교육법을 제정할 때 가능합니다. 다문화가정들은 의무가 아니면 아이들을 그런 학교에 보내지 않을 것이기 때문입니다.

오해하지 말 것은, 가정교육과 공동체 교육은 서로 대립되는 개념이 아닙니다. 가정은 여전히 사회의 기초이자 핵심 단위이며, 아이들이 성장하는 데 가장 좋은 환경입니다. 다만 가정교육이 제자리를 찾지 못하는 상황에서는 공동체 교육이 반드시 필요합니다. 그리고 그렇지 않은 상황에서도 공동체 교육은 가정을 더 든든히 해 주는 기능을 합니다. 공동체 교육은 가정의 짐을 같이 져 주고, 가정에서 이미 기초가 놓였지만 충분히 시험해 보지 못했던 아이들의 능력과 덕목들을 계발해 줍니다. 모험심, 용기, 갈등 해결 능력, 우정, 정의감, 공동체 정신, 관계를 맺는 능력…. 열거하자면 끝이 없습니다. 물론 가정교육이 제대로 이루어지지 않고 있기에 공동체 교육이 그 부분을 대체해야 한다는 현실은 안타까운 일입니다. 그러나 열악한 환경에서 자라는 아이들에게 실질적인 도움을 주는 일은 멈출 수 없습니다.

공동체 교육은 가정의 붕괴가 만들어 낸 교육의 위기를 타개할 수 있는 유일한 해결책입니다. 가족의 가치를 이야기하고 공동체 교육보다 가정교육이 더 나은 이유를 이야기하는 것은 별 의미가 없습니다. 공동체 교육과 달리 가정은 계획할 수도 없고, 이혼을 금할 수도, 교육 능력이 없는 부모를 억지로 교육할 수도 없습니다. 부모를 가르치고, 상담하고, 조언을 해 주는 것은 필요한 노력들입니다. 그런 도움을 받아들이는 사람은 이미 바람직한 길에 들어서 있는 것입니다. 그러나 그런 분들은 그 반대편에 서 있는 분들에 비해 소수입니다. 그러므로 도움이 필요한 많은 이들을 위해 공동체 교육의 길을 단호하게 가야 한다고 힘주어 말하고 싶습니다.

아이에게
노는 것을 허하라

영국 사람들은 어른들을 지치게 하
는 사춘기 아이들을 'very much sixteen'이라고 부릅니다.
그 아이 역시 그런 아이였습니다. 공부는 안 하고, 머리는 허
튼 생각으로 가득 차 있고, 교사들이 중요하다고 생각하는
모든 면에서 게을렀습니다. 그런데 어느 체육 시간에 아주
적극적이고, 잽싸고, 전략적인 농구 선수로 변신해 경기를 승
리로 이끌었습니다. 그 아이의 숨겨진 능력은 경기를 할 때마
다 새롭게 확인되었습니다. 열정, 협동심, 전략적 사고, 동료
선수들의 강점과 약점에 주의를 기울이는 능력, 훈련, 인내
심, 페어플레이 정신. 그 아이는 경기에서만큼은 최상의 컨디

션을 유지하려고 열여섯 살짜리답지 않게 진중하게 행동했습니다.

아이들의 경기 모습을 지켜볼 수 있다는 것은 교사의 행복한 특권입니다. 아이들이 자유롭게 뛰어노는 모습을 보며 아이들에게 저런 면이 있었나 감탄하기도 합니다.

운동은 창조적인 힘을 일깨워 주며, 감각과 이성을 발달시키고, 성격을 다듬어 주고, 책임감을 길러 주고, 승리와 패배와 좌절을 처리하는 법을 가르쳐 줍니다. 또한 권위의 필요성을 느끼게 해 주며, 진지함을 발휘하게 하고, 홀가분한 기분을 느끼게 해 주며, 훈련하고 협동하는 능력을 길러 주고, 질서 감각을 일깨워 주며, 자신이 처한 상황을 넘어서 자유를 만끽하게 합니다. 아이들은 그 어느 곳에서도 행운과 행복감이 그렇게 직접적으로 서로 상호작용하는 것을 경험하기 어렵습니다. 놀이에서는 행운이 곧 행복인 셈입니다.

놀이는 교육의 중요한 방편입니다. 아이들의 재능을 계발해 주려면 놀면서 성장하게 해야 합니다. 삶의 모양들만큼이나 다양한 놀이들이 있습니다. 모래놀이나 블록놀이는 창조력과 손재주를 키우고, 인형놀이는 타인을 배려하는 능력을 키워 줍니다. 역할놀이나 소꿉놀이를 통해 스스로의 행동을 테스트해 보고 자신을 이해할 수 있습니다. 병원놀이로 몸을 탐구하고, 술래잡기와 숨바꼭질을 통해 순발력을 기르고, 다른 사람에게 착각을 불러일으키거나 발각되지 않는 즐거움을 맛봅니다. 경찰놀이를 하면서는 담력을 기를 수 있지요. 이런 고전적인 놀이부터 아이와 부모에게서 수많은 창의적인 놀이들이 계속 만들어질 수 있습니다.

부모와 아이가 어울려 놀면, 일상에서 경험하기 힘든 상호작용을 경험할 수 있습니다. 아이들은 놀이를 통해 부모님과 겨루고, 부모님의 눈높이를 맞추며, 승부욕이 아이들의 공명심과 상상력을 자극하고 노력할 마음을 불러일으킵니다.

또한 아이들은 놀이를 통해 훈련의 필요성을 저절로 깨닫습니다. 여기서는 잔소리가 필요 없습니다. 인간의 삶에서 놀이 외에 그렇게 신속하게 자기 스스로 훈련을 하게 만드는 분야는 없는 듯합니다. 한편, 아이들이 놀이를 할 때 리더의 지시를 따르지 못하거나 특정 규칙을 지키지 못할 때는 놀이 경험이 부족한 것일 수도 있고, 마음에 장애가 있다는 표시일 수도 있습니다. 마음의 질병을 치료하는 데 있어서 놀이는 유용한 진단 도구일 뿐 아니라, 좋은 치료법이기도 합니다.

19세기와 20세기 초반에 교양 교육은 주로 가정에서 놀이를 통해 이루어졌습니다. 집에서 연주를 하고, 연극을 하고, 운동을 하고, 낱말놀이를 하고, 전쟁놀이를 하고, 인형극을 했습니다. 괴테는 『시와 진실』에서 자기 자신에게 이르는 길에서 놀이가 얼마나 중요한지를 생생하게 전합니다. 오늘날 놀이는 가족의 일상에서 많이 사라졌습니다. 대신 수많은 장난감, 미디어, 텔레비전이 그 자리를 차지하고 있습니다.

텔레비전은 놀이의 세계를 파괴했습니다. 그 완벽한 장난감은 아이들의 상상력과 창조력에 양분이 되지 못합니다. 미국의 사회학자 닐 포스트먼은 1980년 대 초에 이미 『사라진 유년』이라는 책에서 유년이 텔레비전의 영향으로 사라질 위기에 처했다고 경고했습니다. 아이들의 상상력은 오래전부터 영상의 세계에 지배당하고 있습니다. 아이들은 텔레비전을 통해 세계를 이해합니다. 실제로 갈등을 겪고 해결하는 것이 아니라, 텔레비전을 통해 간접적으로 이해하고, 그것을 진짜 경험한 것처럼 착각하는 것입니다.

텔레비전이 위험한 것은 그 내용이 상상력의 싹을 죽일 뿐 아니라, 텔레비전 시청 자체가 수동적인 행동이기 때문입니다. 놀이는 모든 감각과 이성과 감정의 세계를 활성화합니다. 아이들은 놀면서 자신이 애쓰고, 노력한 것 때문에 행복감을 경험합니다. 하지만 텔레비전은 그런 경험을 망칩니다. 텔레비전을 지속적으로 소비하는 것은 아이들이 스스로 만들어 내는 행복이 아닌 외부적인 행복을 추구하게 만듭니다. 그것은 컴퓨터 게임으로, 나중에는 술, 담배, 수동적으로 음악을 소비하는 태도로 이어집니다. 지금의 교육은 미디어를 당해 내지 못합니다. 요즘 아이들은 하루 평균 서너 시간을 텔레비전 앞에서 보낸다고 합니다. 시청 금지만으로는 텔레비전의 위험에 대처할 수 없습니다. 공동체 안에서 놀이를 회복하는 것이 가장 좋은 대처 방법입니다.

놀이는 아이의 가능성을 발견하는 창이다

인간은 사회적인 존재이고, 놀이는 공동생활의 기본적인 표현 형식입니다. 아이들의 인성 교육과 자기발견 수단으로 놀이를 얼마만큼 활용하고 있는지를 보면 그 학교가 얼마나 좋은 학교인지를 알 수 있습니다. 독일의 몇몇 학교들은 수업만큼이나 놀이를 중요하게 생각합니다. 독일의 국민 시인 프리드리히 실러는 인간이 놀이를 통해 자신에 이르는 길을 발견하도록 할 때 모든 인간을 온전한 인간으로 키우게 될 거라고 했습니다. 그만큼 교육과정에서 놀이가 중요한 역할을 하고 있다는 말입니다.

나는 영국인들의 스포츠에 대한 열정이 부럽습니다. 영국의 한 학교에서 진행하는 스포츠 교육은 프로이트가 고안하기라도 한 것처럼 절묘합니다. 승부욕을 적절히 분출하도록 하는 동시에 경쟁을 통해 운동 능력을 최대화하고, 페어플레이 정신을 가르칩니다.

성장한다는 것은 시도하고, 시험하고, 한계를 느끼고, 좌절도 해 보는 것입니다. 하키, 축구, 농구 같은 운동경기는 인성을 건강하게 단련합니다. 학생들은 몸을 움직이는 훈련을 통해 운동 능력과 협동심을 기르는 동시에 페어플레이를 배울수 있으며, 목표를 추구하는 과정에서 포기와 노력의 가치를 깨닫습니다. 이러한 노력의 원동력은 놀이에 대한 욕구입니다.

살렘에서는 학교 소방대 활동을 통해 공동체 정신, 신뢰, 용기, 배려를 즐겁고 실제적으로 익힙니다. 10학년부터 모든 학생이 학교 밖에서 의무적으로 봉사활동을 합니다. 일주일에 하루 오후 시간을 내어 봉사를 하는데 노인, 장애인, 다문화가정 자녀들을 돌보는 사회봉사나 소방대 일을 돕는 기술 봉사를 하기도 합니다.

모든 놀이가 학생들의 재능을 펼치는 데 도움을 주지만 교육과 교양의 영역에서 특별히 입증된 놀이들은 연극과 음악입니다. 연극이나 음악을 하려면 다양한 능력과 재능이 필요합니다. 연극이나 뮤지컬을 여러 날 동안 준비하다 보면 아이들의 잠재된 능력들이 깨어나 종합예술 작품이 탄생합니다.

연극 감독은 지휘하는 역할을 합니다. 누구에게 어떤 역을 맡길지를 결정하고, 지도하고, 해석하고, 아이디어를 주고, 격려하고, 조언하고, 훈련을 시킵니다. 음향, 무대미술, 배우들의 의견을 조율하기도 하지요. 감독은 모두가 복종해야 하는 권위자이며 아이들은 이를 통해 권위의 중요성을 깨닫습니다.

연극이라는 모험은 배역에 지원하는 것으로 시작됩니다. 자신이 간절히 원하던 배역을 다른 친구가 차지하면 눈물이 흘러내립니다. 이런 패배감을 이겨 내고 나면 힘들게 대사를 외우는 작업이 시작되고, 연습과 연출이 이루어집니다. 연극을 준비한다는 것은 아이들이 수많은 것들을 감당하고 이겨 낸다는 것을 의미합니다. 인내, 여유 시간의 포기, 함께하는 친구들에 대한 관용, 감독의 지시에 대한 복종, 기다림, 끝없는 반복.

많은 아이들은 포기하지 않으려고 마음을 다잡습니다. 이것은 자기 혼자 하는 일이 아니라 함께하는 작업이기 때문에 가능한 일입니다. 자신이 포기해 버리면 연극이 무대에 오르지 못할지도 모릅니다. 리허설 때는 너무나 긴장되지만, 마치고 나면 단원들과의 관계가 더 돈독해집니다. 살렘에서 학생들이 연극에 참여하는 것을 많이 봐 왔습니다. 열정이 버틸 수 있는 힘을 주더군요. 막바지 작업에 이르면 학생들은 하루에 10시간씩 호흡을 맞춥니다. 복종, 협동, 정확성, 근면, 작품 해석, 이 모든 것을 불평 없이 믿음직하게 감당하는 모습은 수업시간에는 볼 수 없는 모습입니다.

연극은 마음을 치유하기도 합니다. 내성적인 아이들이 다른 아이들과 어울리도록 도와주고, 긴장을 풀고 감정을 자유롭게 표현할 수 있게 해 줍니다. 나는 연극을 통해 스스로를 넘어 많이 성장한 학생들을 봐 왔습니다. 연극은 특별히 사춘기 청소년들이 스스로를 찾고, 자신감을 심어 줄 수 있는 최상의 방법입니다.

연극은 학업에도 직접적인 영향을 끼칩니다. 일 년에 6주씩 수업 대신 연극 연습에 올인하는 헬레네-랑에 공립학교 이야기를 들은 적이 있습니다. 그 학교 교장 엔야 리겔은 연극이 수학적인 능력도 향상시킨다고 확신합니다. 많은 이들이 갸우뚱했지만 곧 그녀의 생각이 옳다는 것이 증명되었습니다. 학생들이 PISA 수학 부문에서 평균 이상으로 우수한 성적을 거두었던 것입니다.

하지만 안타깝게도 학교에서 아이들이 연극을 하는 것은 흔치 않은 일입니다. 음악, 공예, 미술, 연극, 스포츠, 춤 같은 활동과 놀이가 절대적으로 부족합니다. 이런 현상에는 여러 이유가 있겠지만 많은 부모들이 이런 교육의 중요성을 잘 모르고 있다는 것이 가장 크다고 생각합니다. 아이들은 지도해 주고, 경계를 그어 주는 동시에 자기 자신을 믿도록 도와주는 교사를 원합니다. 아이들이 독해와 계산 능력이 부족하다면, 아이들이 스스로 잘할 수 있다는 믿음이 부족하기 때문일 수 있습니다. 지적 교육의 위기는 인성 교육의 위기이기 때문에 이런 위기에서 빠져나올 길을 찾는 학교들이 필요합니다.

"인간은 제대로 놀 때 완전하다"라는 실러의 말에는 인류학적 지혜가 녹아 있습니다. 놀이는 목적이 없는 자유로운 활동이며 가벼운 마음으로 자유를 연습하게끔 합니다.

우리는 놀이를 다시금 교육의 중심 도구로 삼을 방법들을 찾아야 합니다. 지금의 교육 정책은 이를 지원하지 않습니다. 교육 정책가들은 비용상의 이유로 수업 시간은 늘리고 다양한 활동 시간은 줄이는 추세입니다. 학교의 수준을 대학 입학률이 아니라 그 학교가 얼마나 스포츠, 음악, 연극, 야외 활동에 많은 비중과 시간과 공간을 허락하느냐로 판가름하는 날이 빨리 오기를 고대합니다.

노력이 습관이 되도록
가르쳐라

베토벤은 이전의 그 어느 작곡가보다 이른 나이에 음악 이론과 연주법을 배웠습니다. 그럼에도 후원자였던 쾰른의 선제후는 베토벤을 빈으로 보내 하이든에게 수업을 받게 했습니다. 하이든은 베토벤의 천재성을 알아보았지만, 베토벤에게 명망 높은 음악 이론가에게서 대위법을 배우도록 권했습니다. 베토벤은 여기서 만족하지 않고 전문가에게 오페레타를, 바이올리니스트에게 바이올린을 배웠습니다. 이런 노력은 천부적인 소질을 다듬고 향상시켰고, 음악의 성인으로 가는 발판이 되었습니다.

재능이야 누군들 없으랴. 재능은 아이들의 장난감일 뿐! 진
지함만이 사람을 만들고, 열심만이 천재를 만든다.

독일의 유명한 소설가 테오도르 폰타네가 화가인 아돌프
멘첼게 적어 보낸 글귀입니다. 해석이 필요 없는 말입니다.
토머스 에디슨도 천재는 99퍼센트의 땀과 1퍼센트의 영감으
로 이루어진다고 하지 않았던가요. 재능 있는 학생들은 이러
한 진실을 일찌감치 명심해야 할 것입니다.

재능은 선물이자 사명입니다. 우리는 모두 크고 작은 재능
을 갖고 태어났고 그것을 단련할 사명을 가지고 있습니다. 그
리고 그 사명은 노력을 통해서만 이룰 수 있습니다. "역경을
헤치고 나아가면 별에 이르리니"라는 말이 있습니다. 별을 따
러 가는 길은 쉽지 않습니다. 여러 동화에서는 미모와 신분과
부가 행복과 성공의 밑거름으로 그려집니다. 노력할 필요 없
이 운만 좋으면 되는 것처럼 느껴지지요. 그러나 진정한 행복
은 노력을 통해 만들어집니다. 재능은 훈련을 통해 빛을 발합
니다. 어떤 재능이든 마찬가지입니다. 좋은 교육을 통해 재능
을 펼치기 위한 노력까지 겸비한 사람에게는 앞길이 열려 있
습니다.

부모가 일찌감치 재능을 알아보고 계발해 준 아이들을

많이 보아 왔습니다. 그 아이들은 수업을 받든, 피아노 레슨을 받든, 교회 성가대에서든 열심을 냅니다. 그들은 대입시험을 치른 후에도 멈추지 않고 성실하게 자신의 길을 걷습니다. 분명 재능은 있는데 혼내고, 과외를 시키고, 기도를 해도 부모가 원하는 길로 호락호락 가지 않는 자녀를 둔 부모들은 이렇게 '노력'하는 아이들을 보며 부러울 수밖에 없습니다.

기억에 남는 두 아이가 있습니다. 그중 하나는 여학생으로 열다섯 살에 살렘으로 오고 싶어 했습니다. 언니가 이미 우리 학교를 졸업하고 훌륭한 대학생이 되었기 때문입니다. 하지만 부모님은 작은딸마저 기숙학교에 보내기가 망설여졌습니다. 아이는 막무가내로 우리 학교로 오겠다고 고집을 피웠고, 부모는 어쩔 수 없이 아이를 데리고 입학 상담을 왔습니다.

부모는 그 아이가 바이올린 연주에 재능이 많은데 제대로 재능을 발휘하지 못하고 있다고 했습니다. 좀 더 열심히 하면 멋진 연주자가 될 수 있을 거라며 아쉬워했습니다. 이미 아이에게 유명한 선생님을 붙여 주면서 지원을 했는데, 아이는 끝내 살렘에 오겠다는 고집을 굽히지 않았고 결국 다음 해에 우리 학교로 왔습니다. 나는 이 아이가 우리 학교에 오는 것이 좋겠다고 확신했지만, 내심 걱정도 없지 않았습니다. 과연 우리 학교가 아이의 재능에 길을 터 줄 수 있을까? 먼저 결론을 말하자면, 아이는 얼마 지나지 않아 바이올린에 대한 뜨거운 열정을 발견했고, 3개월 후 전국 콩쿠르에서 처음으로 상을 받고, 6개월 후에는 전국 일등 자리를 차지했습니다.

이런 놀라운 변화는 그 아이가 살렘에서 재능 많은 바이올린 선생님을 만나면서부터 시작되었습니다. 두 사람은 일종의 음악적 친화감을 느꼈고 콩쿠르라는 목표를 세우고는 신들린 듯이 연습을 했습니다. 무대에 섰을 때, 아이 특유의 호감을 불러일으키는 분위기는 연주에 매력을 더해 주었습니다. 바이올린 선생님은 그 아이가 커다란 열정을 품고 스스로의 재능을 발견하도록 도와주었습니다. 아이는 훈련을 통해 예상치 못했던 힘을 발휘하기 시작했고, 잘해 보겠다는 승부욕이 깨어나자 이를 채우기 위해 노력을 아끼지 않았습니다. 교사는 아이들이 자기 자신의 길을 가는 데 함께하는 가장 중요한 사람입니다. 학생을 믿어 주고, 재능을 발휘하도록 도와주는 교사를 만나는 것은 축복이며 이런 과정 가운데 미래의 삶을 위한 초석이 놓입니다.

아이의 재능을 키우기 위해서는 교사의 능력과 열정이 필요합니다. 능력과 열정을 통해 교사는 학생의 신뢰를 얻고, 재능을 발휘하게 하며 새로운 의욕을 불러일으킵니다. 한편 재능이 많지 않은 아이들을 가르치는 교사는 교수법적으로 노련함이 필요합니다. 교사는 학생에게 분명히 재능이 있음을 깨닫게 해 주어야 하며, 무엇보다 자신감을 갖도록 도와야 합니다.

한 교사의 헌신을 통해 자신감을 회복한 학생을 본 적이 있습니다. 이 학생은 두드러진 재능을 보이지 않았고, 스스로도 별로 재능이 없다고 생각하고 있었습니다. 실제로 어느 정도 노력을 하는데도 성적은 변변치 않았고, 개인 지도에 의존해 간신히 다음 학년으로 진급하는 상태였습니다. 한 교사가 그 아이를 주목했고 격려를 통해 그 학생이 자신에 대한 믿음을 회복할 수 있게 해 주었습니다. 꾸준한 노력이 실패의 길에서 벗어나게 해 주고 성과를 거둘 수 있게 해 준다는 사실을 일깨워 준 것이지요. 그리하여 이 학생은 주어진 길을 꾸준히 갈 수 있었고, 뛰어난 성적은 내지 못했지만 대입시험을 치른 뒤 취직해 중요한 업무를 맡게 되었습니다. 그 아이는 자신의 운명이 바뀌기 시작한 시점을 정확히 기억합니다. 바로 선생님이 자신을 믿어 주기 시작한 때였습니다.

자신을 믿는 법을 가르쳐라

모든 사람은 자신만의 재능을 가지고 있습니다. 그런데 그 재능을 드러내려면 자신에 대한 믿음이 있어야 합니다. 건강한 자존감은 행복과 에너지를 만들어 냅니다. 거꾸로, 낮은 자존감은 불행과 무기력의 근원입니다. 아이들이 자신의 재능을 믿을 수 있게 북돋우는 것이 모든 교육의 첫걸음입니다. 스스로에 대한 믿음과 자신감은 주어진 것을 넘어 성장하게 하며, 불가능하다고 생각했던 어려운 일도 할 수 있게 도와줍니다. 아이들이 자신과 자신의 재능을 믿고, 자신감을 가지고, 자신을 알아 가도록 돕는 것은 모든 교사에게 최고의 과제인 동시에 교사로서의 능력을 가늠하는 척도입니다. 앞에서 예를 든 두 교사들은 모두 이 미션을 성공적으로 수행한 훌륭한 교사들입니다.

살렘에 친구들과 갈등을 일으키고 여러 가지로 말썽을 부리던 남학생이 있었습니다. 담임교사는 학생을 나에게 보내 대화를 해 보라고 요청했습니다. 대화는 여러 날 이어졌고, 우리는 그가 자기 자신을 전혀 좋아하지 않는다는 결론을 내렸습니다. 재능이 아주 많은데도 자신을 믿지 못하고 자랑스러워하지 않았습니다. 성적도 좋았고, 호감이 가고 잘생겨서 친구가 되고 싶어 하는 아이들이 끊이지 않았습니다. 운동에도 재능이 있었지만, 재능을 발휘하지는 못하는 편이었습니다. 자신이 호감 가는 사람이 아니라고 생각했기 때문에 친구를 사귈 때마다 자꾸 친구를 집적거려 우정을 확인하려고 했습니다. 계속해서 친구를 불신하고 시기하는 바람에 친구들은 오래 견디지 못했고 관계가 쉽게 깨어지곤 했습니다.

대화를 통해 자신의 모습을 파악하는 것은 새로운 방향으로 나가는 첫걸음이었습니다. 그 학생은 자신감이 부족해서 그런 행동을 하는 거라고 고백했습니다. 자신이 낮은 자존감 때문에 고통받는다는 것과 그것이 얼마나 잘못된 행동을 하게 하는지를 깨달았고, 이런 괴로움을 끝내기 위해서는 새로운 길을 가야 한다는 사실을 인정했습니다. 괴로움을 끝내려는 의지가 바로 '치료'의 토대가 되었습니다.

그런데 어떻게 하면 자신감을 얻을 수 있을까요? 성경에 나오는 "네 이웃을 네 자신같이 사랑하라"는 말은 자신을 사랑하는 사람만이 다른 사람을 사랑할 수 있고 진정한 친구가 될 수 있음을 의미합니다. 그 학생은 이 메시지를 가슴에 새겨야 했습니다. 하지만 아이들에게 그런 메시지를 이해시키는 것이 쉬운 일은 아니고, 아직 어린 소년이 이런 깨달음에 합당하게 살도록 하는 것은 더 어려운 과제였습니다. 나는 말을 많이 하지 않고, 그 아이가 뒷전으로 하고 있던 운동에 대한 재능을 계발하도록 애썼습니다. 운동을 통해 자신감을 키우는 방법을 선택한 것이지요.

이 방법은 성공적이었습니다. 그 아이는 농구에서 실력을 발휘해 보기로 마음먹었고 열심히 훈련했으며 정말로 자신감이 늘어 갔습니다. 물론 이렇게 되기까지는 많은 시간이 걸렸습니다. 여전히 아이들을 집적대고 말썽을 피웠지만 횟수가 줄어들었고 정말로 농구를 좋아하고 열심히 하게 되었습니다. 교육에는 시간이 필요합니다.

친구들과 잘 지내게 된 것은 학교를 졸업할 때가 다 되어서였습니다. 자신에 대한 믿음도 커졌습니다. 그런데 안타깝게도 학교를 졸업한 후 그 아이와 연락이 끊겼습니다. 지금도 그가 그 길을 계속 갔는지, 아니면 옛 습관으로 되돌아갔는지 몹시 궁금합니다. 자존감은 여린 식물과 같아서, 정성껏 물을 주고 가꾸지 않으면 시들어 버리니까요.

다시 강조하지만, 교육의 중심 과제는 아이들이 자기 자신에 대한 믿음을 키우는 것입니다. 전후 교육계에 굉장한 반향을 일으킨 교육이론가이자 실천가인 하르트무트 폰 헨티히은 모든 교육자와 교사들의 활동을 하나의 공식으로 요약했습니다. "인간은 강하게, 일은 명료하게." 그 안에 지적 교육과 인성 교육을 아우르는 메시지가 녹아 있습니다.

재능 자체는 아무것도 아닙니다. 아이가 재능을 신뢰하고 재능을 가꿀 준비가 되어 있지 않으면 재능은 사그라지기 때문입니다. 학교는 이런 메시지를 전달하는 곳이어야 합니다. 그러나 우리의 학교 시스템은 주로 학업적인 재능만을 중요시하고 계발합니다. 재능은 사람마다 아주 다양하고 독특한데 말입니다. 학업이나 음악, 미술, 연극, 스포츠 외에 다른 곳에 재능이 있는 사람은 자신의 재능을 발견하기가 쉽지 않습니다. 기업가나 정치가로서의 재능, 행정 능력이나 경영 능력, 교육적 재능, 치유하고 회복시키는 능력, 판단하는 능력, 가르치는 재능에 대해서는 학교에서 주의를 기울이지 않습니다.

부모와 교사는 아이들에게 학업적인 능력 외에 어떤 재능이 있는지를 아이들과 함께 찾아내야 합니다. 고등학교를 졸업한 아이들은 대부분 직업이나 전공을 선택하는 데 어려움을 겪고, 재능에 대한 탐구는 학교를 졸업한 뒤에야 시작됩니다. 어느 정도 학업에 재능이 있는 상태에서 열심히 공부하면 대입시험에서 좋은 성적을 거둘 수 있습니다. 그러면 그는 통상적으로 학업에 재능이 있는 것으로 여겨지지만, 실제로 학업에 대한 재능보다는 다른 재능이 있는 경우도 많습니다. 그런 경우 사회생활을 하면서 새로운 재능이 빛을 발하기도 합니다.

재능만으로는 충분하지 않다

재능이 많든, 적든, 아직 발견되지 않았든 간에 자녀의 재능을 계발시켜 주려고 한다면, 자녀가 재능을 펼칠 수 있는 전제를 만들어 주어야 합니다. 그 전제는 아이를 일찌감치 부지런히 노동(노력)하는 것에 익숙해지게 하는 것입니다. 동물은 본능적으로 부지런합니다. 둥지를 짓고 새끼들을 먹이는 새들만 보아도 알 수 있습니다. 물론 동물들의 부지런함은 본능이 정해 주는 과제에만 국한됩니다. 사람들 중에서도 오로지 생존을 위해 애쓰고 부지런을 떠는 이들이 있습니다. 그러나 우리의 사명은 문화를 만들어 나가는 것입니다. 동물과 달리 사람은 문화를 통해 가치를 얻습니다. 그리고 모든 문화에는 노력이 동반됩니다.

노력하는 태도가 도덕과 생활방식에 뿌리를 내리고 그것이 습관이 되기까지는 시간이 필요합니다. 아이들은 어떤 일을 붙잡으면 계속하는 연습을 해야 하며, 그 전제로 포기를 배워야 합니다. 여가시간을 포기하고, 즐기는 것을 포기하고, 쉬는 것을 포기하고, 빈둥대는 것을 포기하고, 오락을 포기해야 합니다. 즉, 재미있는 것들을 포기해야 합니다. 이것이 노동의 전제입니다. 위대한 사회학자 막스 베버는 우리 문화와 경제의 토대가 되는 3대 덕목으로 '단념, 노동, 합리적인 생활방식'을 꼽았습니다.

놀이는 노력하는 태도를 배우는 첫걸음이 됩니다. 목적을 위해 포기하고, 인내하고, 자신을 내어 주고, 그 활동에 능숙해지는 것이 놀이를 통해 이루어집니다. 아이에게 일찌감치 악기를 배우게 하면 노동의 기본 원리를 가르칠 수 있습니다. 아이들은 또한 엄마의 일을 따라 하면서 노동을 배웁니다. 선물을 만들고, 강아지에게 먹이를 주고, 침대를 정리하는 이 모든 것이 노동을 연습하는 것입니다. 학교에서 숙제를 하는 것은 노동의 새로운 차원입니다. 이런 방식으로 노동은 진지한 행위가 되며, 점점 더 많은 단념을 자연스레 요구합니다.

교육의 목표는 노동이 제2의 천성이 될 정도로 익숙해지게 하는 것입니다. 이런 식의 노력을 배우지 못한 사람은 사는 것이 고되고 힘듭니다. 노동이 습관이 되지 않으면 노력하겠다고 결심만 하다가 끝나기 때문입니다. 노력해야 할 때마다 새롭게 결심해야 한다면 참 힘든 일일 것입니다.

노동이 제2의 천성이 되지 않은 사람은 재능을 제대로 펼칠 수가 없습니다. 음악, 미술, 운동처럼 일찍 계발해 주어야 하는 재능뿐 아니라, 발견되지 않은 채 숨어 있다가 자신을 신뢰할 때 발견되고 노력을 통해 계발할 수 있는 광범위한 능력과 소질에도 해당하는 이야기입니다. 저절로 꿈을 이루는 사람은 없습니다. 누군가는 1만 시간의 법칙을 이야기하기도 하지요. 그만큼 노력을 습관화하는 것은 중요합니다.

재능이라는 주제는 엘리트라는 주제로 이어집니다. 엘리트는 인간으로서 가장 높은 경지까지 오르는 사람, 많은 능력을 지닌 동시에 책임감이 투철하고 인간애가 있는 사람, 자유롭고 주체적으로 자신의 길을 가고 다른 사람들에게 모범이 되는 사람입니다. 그런데 오늘날 그런 사람은 아주 드뭅니다. 인성보다는 자꾸 외적인 성공과 업적에 무게 중심을 두다 보니 그렇습니다. 미국의 유명한 은행가 J. P. 모건은 1907년 경제 스캔들이 있었을 때 단호한 행동으로 그 여파를 최소화한 사람입니다. 그는 의회에서 은행가가 갖추어야 할 자질은 무엇이냐는 질문에 "인품(인격)"이라고 답했습니다. 모든 사회에는 엘리트가 필요합니다. 정확히 말해 좋은 인품을 가지고 영향력을 행사하는 사람들이 필요합니다.

그러므로 엘리트 교육은 인격을 단련할 수 있는 교육을 포함해야 합니다. 베를린 대학의 설립자인 빌헬름 폰 홈볼트는 지적 교육과 도덕 및 인성 교육을 하나로 보았습니다. 교수들과 대학생들은 '고독과 자유' 가운데 '가르치고 배우는 공동체' 안에서 함께 생활하고 공부해야 한다고 했고, 대학생들은 몰려다니거나 재미있는 것만 찾을 게 아니라 자유로운 인간으로서 함께 연구할 수 있기 위해 자기훈련을 해야 한다고 했습니다. 홈볼트는 대학을 세상 속의 수도원으로 규정했습니다. 공동체 안에서 대학생들이 서로 정신적인 자극을 주고받고, 교수들은 학생들 앞에서 인간성과 학문 윤리의 이상을 구현해야 한다고 보았습니다. 그러나 홈볼트의 생각은 생각으로만 그쳤습니다. 당시 독일인들은 공동체 교육을 어떤 형태든 거부하고 보는 분위기였기 때문입니다. 그리하여 대학은 순수 학문 기관이 되었습니다. 하지만 영국과 미국에서는 대학이 여전히 기숙학교로 운영됩니다. 옥스퍼드, 케임브리지, 하버드, 스탠퍼드는 설립 이래로 '가르치는 자들과 배우는 자들의 공동체' 이념을 실현해 왔습니다.

대학이 일방적으로 학문만 주입하는 것을 지양하고, 대학생들의 무력함과 수동적인 태도에 대처하기 위해서는 대학에서 공동체 교육을 강화해야 할 것입니다. 대학이 학문을 탐구하는 상아탑일 뿐만 아니라 한 사회를 책임질 만한 성숙한 어른을 키우는 진짜 교육의 장이 되기를 소망해 봅니다.

교육학에는 새로운 이론이 없습니다. 위대한 교육자들의 뛰어난 점은 과거의 진리의 보고(寶庫)로부터 오늘날 시급한 문제들에 답변이 될 수 있는 아이디어, 원칙, 경험을 취했다는 것입니다. 그러므로 선조들이 교육에 대해 어떤 태도를 취했는지를 살펴보는 것은 꼭 필요한 일입니다.

임마누엘 칸트의 『교육학 강의』에 여러분에게 전하고자 하는 메시지가 잘 요약되어 있습니다.

교육의 가장 커다란 문제 중 하나는 규칙에 복종하는 것과 자유를 누릴 능력을 어떻게 조화시키느냐이다. 제약은 필수이기 때문이다! 제약 속에서 어떻게 자유를 누릴 수 있을까? 학생이 자유의 제약에 익숙해지도록 하는 동시에 자신의 자유를 누릴 수 있도록 이끌어야 한다. 이런 것 없이는 모든 것

이 단순한 메커니즘일 뿐이며, 교육을 마치고 나서도 자유를
누릴 수 없다.

칸트의 문장 중 한 부분을 고치고 싶습니다. 나는 제약과
자유의 문제가 교육의 가장 커다란 문제 중 '하나'가 아니라,
교육의 가장 커다란 문제라고 생각합니다. 부모와 교사는 매
일 아이들에게 복종을 가르치고 훈련하는 한편 그들을 자립
으로, 자기훈련으로, 자유로 인도해야 합니다. 이런 긴장 관계
를 시인하고, 아이들에게 본보기가 되는 삶을 사는 것이 교육
의 기술이며, 교육자의 행복입니다. 제약과 자유의 상호작용
은 인간의 전 인생을 따라다닙니다. 자유는 도달 가능한 상태
가 아니라, 매일 새롭게 얻게 되는 실천 덕목이기 때문입니다.
아이들은 어른이 이런 긴장을 늦추지 않는지, 아니면 제약이

나 자유방임으로 치우치면서 이런 긴장을 회피하고 있는지를 잘 감지합니다. 교육을 맡은 이들은 힘든 나머지 이런 긴장을 견디지 못하거나 좌절하기도 합니다.

하지만 이런 상황에서 창의적이고 꿋꿋하게 긴장을 늦추지 않으려고 애쓰는 부모와 교사는 아이들의 사랑과 존경을 얻을 것입니다. 그런 교육자들은 이 시대의 본보기가 되는 사람들입니다. 유치원을 창시한 프리드리히 프뢰벨은 "교육은 사랑과 본보기다. 그밖에는 아무것도 아니다"라고 했습니다. 달리 덧붙일 것이 없는 말입니다.